JN313969

品川の学校で何が起こっているのか

学校選択制・小中一貫校・教育改革フロンティアの実像

佐貫 浩【著】

花伝社

目次

はじめに

どうしてこんなことが起こるの⁉

全国に先駆けて学校選択制が導入され、「選ばれなくなった学校」が統廃合で地域から消えていったり、一〇年前には日本中の誰もが思いもよらなかった、小学校一年生から中学三年生が一つの校舎で密着して毎日一緒に生活する、七五〇名から一二〇〇名規模の施設一体型小中一貫校（日野・伊藤・八潮学園）が出現したり、荏原四中の運動場に荏原三中が移転するためのプレハブ校舎が突然建設されて運動場が狭くなったり、小中一貫校の小学校五、六年生のクラス担任制度がなくなったり……この激変を重ねてきた東京・品川の教育改革は、いま一体どこに向かっているのでしょうか。

この「教育改革」について、品川区は、全体として大きな成果を挙げていると評価しています。しかしその下で、親や子どもは年ごとに変動する学校「改革」にさらされ、学校の評判や学力テストの点数に一喜一憂して学校選びに心を費やすようになってきました。先生方も浮き足だって、この「改革」にどれだけ熱心に取り組んだかで評価される勤務評価にがんじがらめにされて、ほとんど立ち止まって考える余裕もなく、この教育改革の一〇年を奔走させられてきました。小学校や中学校の先生がほとんど毎日夜八時、九時まで学校に残って仕事しなければ追いつかないという状況が常態化しています。

そういう中で、不幸なことに、二〇〇九年度、品川区立の学校で、現職の四〇代の男の先生が、二人も突然死をするという事態が生まれてしまいました。二〇一〇年の一月に突然死された中学の先生は、学校の校門をでて、駅前のコンビニの前で倒れられ、そのまま病院に運ばれ、亡くなったということです。そんな悲しみを生徒と教師、地域の父母が分け合って追悼し、不幸をくり返さない道を相談し合うこともなく、「教育改革」の嵐は、いまも相変わらず吹き荒れています。二〇一〇年には、この「教育改革」を教育行政の中で中心的に担っていた教育委員会の学務課長も亡くなるという不幸まで重なりました。お互いに体も心も「危ない」状況を感じながらも、この「教育改革」に異議申し立てをできないで、必死で上からおろされてくる「改革課題」をこなし、そしてそれをうまく取り組んだという「実績」を報告し続けないと生きていけない教育現場の実態に、子どもに責任を負えないむなしさを感じ、早期退職に追い込まれていく先生方も増えています。

教育改革のアイデアはどこから出てきたのか

では一体、これらの教育改革のアイデアは、一体どこから出てきたのでしょうか。一言でいって、それは、品川区の区長と若月教育長の頭の中で一方的に構想され、おろされてきたものでした。もちろん、全国的にも新自由主義といわれる競争と市場に依拠した学校再編が広まりつつある時期でした。若月氏らは、これに飛びつき、まず学校選択制度を率先して導入していきました。その結果、自分たちが生活している地元に良い学校を作り上げていくという地域の協同による学校づくりが後退していきました。しかしいま、そういう学校選択制を見直す動きが全国各地で始まっています。

施設一体型の小中一貫校というのは、子どもの発達を保障するという教育学的裏付けのない、得体の知れない学校構想であるにもかかわらず、突然強行されてしまいました。理由は、若月氏がそれを思いついたという以上の理由はありません。小中の連携が必要だという、誰でも当然と考える「論理」を、小学校と中学校の生徒を一緒の校舎で教育する方がよいなどという、誰も証明したことのない学校構想を正当化する理由にして、施設だけが超デラックスな一貫校が出現してしまいました。そのため生徒一人あたりの校地が縮小されて、九歳も年の差がある子どもたち一〇〇〇人近くが七〜八階建構造の校舎（日野学園は地下二階地上六階）に一緒に集められて生活をし、一緒に行事を行うという前代未聞の学校生活が強制されることになってしまいました。小学校五、六年生は、クラス担任制からはずされてしまいました。それで本当に大丈夫なのでしょうか。しかし、品川区は、小学校と中学校を教育改革の名で一つに統廃合できる施設一体型小中一貫校という妙案を自分たちが開発したことに気がついて、いまそれを全国の自治体に推奨しつつあります。

なぜ疑問や問題が表に現れてこないのか

しかしどうして、こんな大きな問題や矛盾が起こっているにもかかわらず、率直な疑問や問題点の指摘が表面化してこないのでしょうか。そのひとつの理由は、若月教育長を中心とする教育委員会による上からの統制が、見事なばかりに行われているということにあります。先生方は、上から課題を提示され、それがどこまでできたかの詳細な報告書を提出させられ、その内容に基づいて勤務状況が査定され、給与までも差がつけられてしまいます。うまくいっていないという報告書や、改革の方向自体がおかしいのではないかという報告書を書くことはほとんど不可能です。もしそうしたら、力のない教師、指示に従わない不適格教員として、校長の一存で他の学校へ移動させられたり、昇級がストップしたりしてしまうのです。若月教育長自身が多くの教員を集めた集会で、指示に従わない教員は他区へ飛ばすと公然と述べているのです。そうすると学校現場から上がってくる「報告書」は、いま進められている「教育改革」が重要だ、自分のところではこのようにうまく進んでいる、こんな成果が挙がったという報告内容にならざるをえないのです。

また東京都教育委員会は、職員会議で教職員が議論をすること、そしてその意見を校長が参考にすることすら禁止しているという異常な状況があります。ですから、教職員からこの改革に対する異議申し立てや疑問が出てこない仕掛けがあるのです。そしてそういう雰囲気に曝され続けると、疑問を抱いている自分が、力量不足だからではないかという自己責任意識に捉えられて、過労死寸前まで頑張ってしまうという状況に追いやられてしまうこともあるのです。

いまこそ、率直な疑問を出し合って品川の教育改革を考える時

親は、長い視野で、学校教育の変化をみることはとても困難です。子どもが学校に入ったときはじめて学校教育と出会い、たいがいのことは、こんなものだろうと考えてしまいます。しかし、突然出現した施設一体型小中一貫校については、「これが学校？」という驚きの声も上がっています。いま必要なことは、そんな率直な疑問を交流することから、品川の教育改革で何が起こっているのか、どんな問題が生まれているのかを、自由に考え、意見を交流しあうことです。

先生方も、日頃抱いておられる疑問や困難を率直に出しあい、多くの教職員が、同じような疑問や矛盾に直面しているのだということをお互いに知ってほしいと思います。教育という仕事は、教育委員会のためのものでも、また教師のためのものでもありません。子どものためのものです。子どもが安心して、楽しく学校で学べているのかどうかこそが、教育改革評価の基本軸にならなければなりません。そういう目で、この品川の教育改革が、子どもたちにどういう影響を与えているのかを、一緒に考えてほしいと思います。

いま政権交代の中で、明らかに教育改革の重点は、子どもの貧困の克服、義務教育の無償化などの方向に向かっています。この一〇年間の教育改革が、お金をかけないで競争の仕組みを持ちこむことに中心がおかれていたために、いま日本の教育は、先進国でもっとも貧困なものになってしまいました。四〇人学級という貧困な教育条件の改善なくして、学校の教育力が改善されないということも、共通の認識になりつつあります。品川の教育改革もいまこそその方向へ転換すべき時点にあります。

早急に検討すべき疑問と問題点

今、以下のような問題点が、大きく浮上してきています。それは、この品川の教育改革の一〇年を検証する上で欠かせない論点となっています。この本では、施設一体型小中一貫校の問題と学校選択制の問題に焦点を当てつつも、これら全体の論点に触れていきたいと思います。

第一に、施設一体型小中一貫校四校が立ち上がり、その具体的な姿が誰にも目に見えるようになりました。そのため、品川区内には、二つの差異化され格差化された公教育体系が出現してしまったことです。どう弁明しても、施設一体型小中一貫校と小中一貫教育は全く異なったものです。豪華な一体校舎を持ち、全体が九年一貫で統合され、学校選択で希望者が多く選択する公教育体系と、古い校舎で、無理な小中の相互乗り入れ教育を強制される施設分離型の六・三制の公教育体系は、誰の目にも格差化された公教育と見えてしまいます。いくら「両方とも小中一貫ですよ」といっても、差別感はぬぐえないでしょう。果たしてこのまま、一貫校六校（現在の最終計画）、その他は別校舎の小中一貫教育という形で続けられるのでしょうか。さらに以下に検討するように、あまりに一貫校の矛盾が大きいことが明らかになったとき、巨費を投じて一貫校校舎を建ててしまって後戻りできないなかで、いったいどう対処しようというのでしょうか。

第二に、小中一貫教育の独自カリキュラムをあまりにも性急に、前倒しカリキュラムとして実施してしまったことの矛盾が、今後大きな問題として噴出する可能性があります。漢字の前倒しによって学習する漢字数は、小学校三年生が二〇〇字から二八五字、四年生が二〇〇字から三〇〇字へと増やされました。よほどの手だてを講じない限り、落ちこぼれが増加しない方が不思議でしょう。それともそういう「不思議」を超えるほどの新しい力が「品川の教育改革」で生まれているというのでしょうか。

第三に、教科学習に混乱が起きていないのでしょうか。今、いくつかの教科で、ひとつの教科に対して三つの「教科書」が混在するという異常事態が出現しています。基本の教科書、品川の独自カリキュラムに沿った追加「教科書（教材）」、文科省の新指導要領に即した追加のための補助「教科書」を使いこなすことが求められているのです。こういうなかで、系統的な授業が混乱しているのではないでしょうか。子どもの実態を慎重に判断しながら教育内容を組み替えていくというような、教育的な対応が困難になっているのです。それは子どもに大きなストレスと勉強嫌いを拡大していく危険性があります。

第四に、特に小中一貫校で、子どもが生活し成長する空間が激変しているように思われます。校舎が一体化した九年一貫校システムによって、子どもの学校生活空間がどういう変化を被っているのでしょうか。予測しなかったような問題が噴出し始めているのではないでしょうか。たとえば、◇五、六年を受け持つ安定したクラス担任がいなくなってしまった、◇九年の幅の子どもが一堂に集まって行うことによる運動会の様変わり、◇今までの小学校で最高学年として活躍していた六年生のリーダーシップが不必要とされたり、小学校卒業時の感動的な「卒業式」がなくなってしまった、◇五、六年生に中間テストや期末テストが課せられることの影響、◇小学生と中学生が同じ時間スケジュールで生活することの矛盾、等々があります。「中一プロブレム」を挙げて一貫校制度の意義を強調してきたにもかかわらず、かえって子どもたちの学校ストレス、学校不適応を増加させつつあるのではないかという心配がぬぐえません。

第五に、品川独自の市民科は、本当に新しい教科として機能しているのでしょうか。市民科設置によって、品川では、総合学習や学級指導（特別活動）の時間がなくなってしまいました。総合学習や学級指導の時間まで細かく指導方法までが指定された市民科に変わってしまっては、自由で自主的な学級経営やクラス活動が縮小してしまわないでしょうか。子どもにとっても学校生活が徹底して態度管理される時間となり、目標を実現したかをたえず反省させられる時間になってしまっては、学校生活を主体的な協同で作り上げていく喜びが奪われていくのではないでしょうか。

第六に、学校選択の矛盾、そして学校統廃合の急速な進展により、地域から学校がなくなり、学校と地域が切り離される事態を招きつつあるのではないでしょうか。学校選択制度を導入して以来、学校規模が常に変動する不安定状態が生まれてしまい、選ばれることによって学校が活性化されるという当初宣伝されたメリットよりも、選ばれない学校がますます困難を抱えて地域の学校がなくなるというデメリットの方が顕著に現れるような事態が生み出されています。そしてそういう不安定性を理由に、一挙に学校の統合・再編が進行する事態が生まれています。今こそ学校選択制を再検討すべき時期ではないでしょうか。

これほどの矛盾や問題点、疑問をふくらませながら未だにそのスピードがゆるまない品川の教育改革は、まるで撃ち出されてしまった大砲の弾のように、後戻りできないままに、どこかで自爆するほかないかのように、進行し続けています。しかし、教育は、そこで学ぶ子どもたちにとっては、やり直しのきかないかけがえのない時間です。地域にとっても学校がいったん失われると、はかり知れない打撃を受けます。施設一体型小中一貫校は豪華施設の中で矛盾をふくらませつつありますが、建物を作ってしまった以上は、もはやそう簡単には引き返せない所にきてしまいました。

いま、全国の新自由主義的教育改革の矛盾が吹き出しつつあります。学校選択制、習熟度別グループ学習の導入、管理職も含む教員の業績評価と成果主義賃金の導入、学力テストによる競争圧力の高まり、等々。また急速に拡大した格差・貧困への対応にも追われる状況となりつつあります。各地で、学力テストの廃止や貧困への対処、子どもへの経済的支援が教育改革の新たな重点へと移行しはじめています。にもかかわらず、品川だけが、教育改革が成功しているという一方的な自画自賛の「検証」を繰り返して、同じ路線をひた走るということになると、品川の教育が、そして子どもたちの学校生活が、大きな損失を被るのではないでしょうか。一刻も早く、この品川の教育改革についての検証を行い、品川の教育をどういう方向へ向けていくのか、区民の新たな合意を形成していくことが急務になっています。

第1章　品川の小中一貫校の検証

今進行している品川の教育改革のなかでも、最も矛盾の焦点となりつつあるのが、施設一体型小中一貫校だと思われます。学校選択制や学力テスト体制なども大きな矛盾を含んでいますが、この小中一貫校は、日常の子どもたちの学習と生活活動全体を一挙に大きく変え、そこに通う子どもの学習と生活を激変させてしまいました。そして一校に九〇億円ものお金をかけたといわれる新しい豪華設備（日野学園）を作り出すことで、もはやそういう激変を後戻り不可能な形にしてしまったのです。どうしてそういう事態が進行してしまったのでしょうか。本当に区民はそういう「改革」内容について理解し、合意をしてきたのでしょうか。また盛んにいわれてきたように、小中一貫校というのは、教育を大きく改善するようなものなのでしょうか。（以下、小中一貫校の児童・生徒をまとめて呼ぶ時は「子ども」と表記します。）

1　小中一貫校の出現

最初に施設一体型小中一貫校の創設状況を見ておきましょう（図表1―1）。

この表からも分かることですが、品川の施設一体型小中一貫校は、単に、今までの小学校と中学校が協力関係を強めて、小中一貫教育を行うということではありません。

六校の小中一貫校の創出は、同時に小学校三校、中学校三校の統廃合、そして小学校と中学校の間の六件

図表1-1　品川区の小中一貫校の設置経過

地区	小中一貫校学校名	開設年次(年)	統合前の学校	統合後の敷地利用 ○＝小中一貫校校地	在校生徒（人）(2010年現在)	備考
大崎	日野学園	2006	第二日野小 日野中	○ 五反田文化センター	963	
大井	伊藤学園	2007	原小 伊藤中	私立保育園・地域交流室等 ○	1221	
八潮	八潮学園	2008	八潮小 八潮北小 八潮南小 八潮中 八潮南中	○ 私立聾学校・不登校児施設 区民活動交流施設 ○ 地域開放施設・老人ホーム	746	
荏原西	荏原平塚学園	2010	平塚小 平塚中 荏原二中	未定 ○ 文化の森	511	2010年9月新校舎
品川	○○学園	2011	品川小 城南中	○ ○	670	
荏原東	豊葉の杜学園	2013	大間窪小 杜松小 荏原三中 荏原四中	○ 未定 ○ 未定	949	2013年4月新校舎完成予定

の統合を含んだ過程として進められました。その結果、ひとまとまりの校舎群をひとつと考えると、一貫校を作る以前は、一八あったものが、全て小中一貫校の統合校舎になると、実に六つになるということです。校地が、一八あったものが、九つは他に転用され、残りが六つに統合されるのです。小中一貫校の開設は都心としてはとても広大な、他に転用できる土地を生み出す妙案でもあるのです。

例えば、伊藤学園は、今までの伊藤中学の校地に伊藤学園が作られ、原小が廃止されて、そこに通っていた生徒も元伊藤中の敷地の伊藤学園に通ってくるということになり、そこに一二二一名（二〇一〇年度）の生徒を持つ学校が出現することになるのです。そして原小の校地は、シルバーセンターや地域交流室、私立保育園などの施設として「活用」されているのです。生徒数が大きく減っている場合、やむなく行われる統廃合で学校の校地がほかの用途に転用されるということはあり得ますが、生徒数はむしろ二〇一〇年代半ばが緩いピークになるという状況の下で（「図表2—1　品川区の小中学校入学年齢生徒数予想」四四頁参照）、子どもたちの学校の校地が一挙に半分近くに縮小されるのです。しかも、「第2章　品川の学校選択制

伊藤学園

度の検証」で見るように、地元に住民登録している生徒数が減っているわけでもありません。しかも伊藤学園は、「選ばれる学校」になっているために、多くの生徒が選択するので、一貫校の新校舎は、七階建て（地下二階、地上五階）のビルにされているのです。全国的に見ても珍しい上に高く伸びた、学校としては「高層」というべき校舎が出現しているのです。そういう学校は、そもそも、小学生がゆったりと生活できる生活空間たり得るのかどうかが、疑われるのではないでしょうか。

これらの点から見て、施設一体型小中一貫校の設置は、学校統廃合の新たな方策として進められていると言えます。六つの小中一貫校の創出は、小学校どうし、あるいは中学校どうしの六件の統廃合（これを「横の統廃合」と呼んでおきます）、小学校と中学校の間の六件の統廃合（これを「縦の統廃合」と呼んでおきます）によって実現されているのです。若月教育長は学校選択制の導入時、少人数学校が生まれても学校統廃合をしないと約束しましたが、小中一貫校の設置という形で大規模な統廃合を推進しているのです。

補足すればこのことは、学校の柔軟性をも失わせています。今民主党政権は三五人学級化の検討を始めているとの報道がなされていますが、「縦」と「横」の統廃合の結果生まれた施設一体型一貫校は、施設容量の限界まで子どもを詰め込んでおり、少人数クラスに対応して教室を増やすことも簡単にはできなくなっています。

2　品川の施設一体型小中一貫校の特殊性――小中一貫教育との違い

じつは、「小中一貫教育」と「施設一体型小中一貫校の設置」とは、大変違った性格のものなのに、品川の「教育改革」のなかで、それが明確に区別されて論じられてこなかったのです。そして「小中一貫教育」の必要性自体を誰も否定し得ない流れのなかで、「小中一貫教育」を具体化する方策だとして「小中一貫校」が、しっかりした説明も検討もないままに作られてしまったのです。

本来、小中一貫教育というのは、素朴に考えれば、小学校と中学校の教育を最も有効な形で結びつけて、そのつながりをよくしようということです。そのため小学校と中学校の連携を強め、カリキュラムもその関連性を重視して組み替え、時には教師が相互に乗り入れて子どもとも接するようにしようというものです。もちろんそのための条件整備などが必要ですが、きちんとした準備や条件保障の下に慎重に進められていくのであれば、そういう理念や工夫自体に、誰も、ほとんど異論などありません。ところが、小学生と中学生の九歳の幅がある子どもを、一個所の校地で、同じ校舎内に集めて教育するという「小中一貫校」というのは、今までに見たこともない特異な学校なのです。

それは、第一に日本の学校制度の基本である六・三制の学校制度体系とは違う学校制度なのです。この六・三制学校制度体系の基本枠組みを見直すべきだという結論はどこでも出されていません。小泉政権からは、政府は「特区」という特別な制度を作ることで、そういう六・三制の枠すら組み替えるような学校づくりの道を開きましたが、しかし、六・三制がもう時代遅れだということが合意されたり、理論的に明らかにされたなどということはどこにもありません。

第二に、確かに、日本の中でも私学教育のなかでは、同一学校法人の管理下で、小中一貫教育が、時には同じ敷地のなかで行われている例はあります。しかし多くの場合、その校地や校舎が、小学校部分と中学校部分に区分けされていて、一定の独立性があるのが普通です。ところが品川の小中一貫校は、そういう区分が全くなくなって、一年生から九年生が同じ校舎で一緒に生活するという「特殊」なものなのです。隣り合う校地に小学校と中学校が設置されて、その全体を小中一貫校と呼ぶということであれば、それは小学校と中学校の連携を強化する一つの効果的な方法になる場合もあり得ますが、品川の小中一貫校は、そもそも小学校と中学校という区分そのものを廃止して、文字通り一緒に――同じ校舎で、同じ運動場で、同じ学校行事に参加して、同じ学校の一年生から九年生として、さらに日野学園や伊藤学園では空間密度が倍加して――教育するという、おそらく日本で初めての教育の仕組みを導入したのです。

第三に、品川の小中一貫教育は、小学校と中学校の教育方法の違いを、効率的な教育にとっての障害と考え、中学校的な教育方法を小学校五年生にまでおろすことが必要だとする理念に依拠して進められたという性格を持っています。ですから小学校五年生から中間・期末テストが課せられ、クラス担任制が廃止され、高校受験に向けた学力競争体制を小学校にまでおろし、その改変を、小学校教育と中学校教育のギャップがなくなるという「中一ギャップ」解消の方法と合理化したのです。要するに、受験学力を高めるために、小学校的な生ぬるい教育ではなく、テストに対応した学力を獲得する体制――いわばテスト臨戦態勢――としての中学校スタイルをもっと早い時期（小学校五年生）からはじめようとしたのです。

第四に、それに加えて、小中一貫校の教育理念は、小学校の五、六年生が、子ども集団のなかでのリーダーとして、思春期にふさわしい自治と統率力を発達させ、主体性や協同性などを大きく高める仕組みを解体させるものとして登場してしまいました。小学校で実施され、五、六年生が中心に担っていたタテ割班活動、委員会活動、クラブ活動、一年生への世話活動も中学生が担う形へ変化してしまいました。小学校の卒業式すらなくなる方向で進んでいます。小学校が持っていた五、六年生の自律的なリーダーシップや自治の力を促進する仕組みを不必要だとする学校教育構想は、いったい教師や親のどんな合意を得たというのでしょうか。

第五に、さらに複雑なことに、施設一体型の小中一貫校と小学校、中学校分離型の従来の学校制度とが併存する事態が生み出され、品川には、六・三制学校体系と九年一貫学校体系の二つの異質な学校制度体系が出現し、そのどちらかを親や子どもが学校選択制度によって選ぶ格差的公教育システムが生まれてしまったのです。しかも、区民がそれを自由に選べるというのではなく、行政の思惑で一貫校が作られる地域とそうでない地域とが決定され、地元の学校に行こうとすると、どちらを選ぶかの選択の余地もなくなってしまうという状況が生まれてしまったのです。

このような性格を持った品川の施設一体型小中一貫校の出現は、誰でも当然と考える小学校と中学校の連携を強化する小中一貫教育の一つのバージョンにすぎないというものではないのです。このような根本的な学校改変を意味する小中一貫校の創設は、いったいどこで区民の合意を得てきたのでしょうか。

しかし、一体型施設を建築してしまうと、もはや長期にわたって後戻りできない状態が生まれてしまいます。おそらく近いうちに、一貫校での九年一体型教育は無理が多すぎるという「反省」が起こらざるを得ないもののように思われます。その時どうやってこの九年一体型一貫校から「撤退」できるのでしょうか。多くの校地も手放してしまったいま、本当に悲惨なことになるのではないでしょうか。その責任は一体だれがとるのでしょうか。

3　小中一貫校の現状――教育学的検討を欠いたずさんな学校作り

小中一貫校の実態をみるとき、その基本理念と関わりつつも、学校を創設するためには当然検討されるべき事項が検討されないままに学校が創られてしまい、後からその不十分さがどんどん現れるという事態に直面しています。まさにずさんというほかない学校づくりになってしまっています。

様変わりの運動会

地域の住民や親が施設一体型小中一貫校の異常さを肌で感じるのが運動会です。

伊藤学園の二〇一〇年度の運動会の様子を紹介してみましょう。生徒数は一二二一名（二〇一〇年四月時点）です。まず、地域住民の入場制限ともいうべき措置がとられていることです。今まで中学だけだった敷地に小中一貫校が作られたのですから、今までの中学の運動会が行われている運動場に、同時に小学校の運動会が同じ場所で開かれるようになったと想像してください。教室は、七階建て（地下二階地上五階）にすることで狭い土地でも対処可能ですが、運動場は一つで対応しきれないのが実情です（移動してきた原小の校舎はすでに区の別の施設として利用されていて、運動場は中学のものを一年生から九年生が一緒に使うようになっています）。教育委員会は当初、日常の活用では、狭い運動場を、朝は一～四年生に使用させ、昼休みは五～九年生が使用し、一～四年生は体育館というような使い分けで対処することを考えていたようです。

そういう狭い運動場で運動会が開かれるわけです。親や地域からの参加者は受付でそれぞれ名前などを登録し、リボンを付けて入場を許可されることになります。関係者が全員詰めかけると入りきれないのが実情です。親たちの多くは「高層」の子どもたちの教室の外側にあるベランダからこの運動会をみることになります。運動会の競技が始まると、子どもの姿を求めてこのせまいベランダを右に左にと親たちが移動していきます。

ところが安全防止の編み目の小さいネットが外側に張り巡らされていて、カメラやビデオカメラの焦点がその網に合わされてしまって運動会の様子にピントが合わないというような「トラブル」まで起きてしまい、ネットのない隙間にカメラが集まるというようなことも起こります。

さて運動会が始まっても我が子の出番は午前二つ午後一つぐらいで、我が子がなかなか登場せず、しかも半分ほどの種目が二つから三つの学年全員参加（したがって、二〇〇～三〇〇名が参加する）の競技のため、とても時間がかかったり、あるいは一斉に競技を行うので、我が子がどこにいるかもわからないという状況になってしまいます。当然お昼のお弁当は、親たちは、いったん学校を出て外ですませるということにならざるをえません。

今までの小学校と中学校の二つの敷地を合わせた広さの校地に、小学校と中学校の二つの施設が同居して一貫教育を進めるというのであれば、おもしろい試みとして期待も持てるのですが、品川の小中一貫校は、小学校と中学校との縦の統廃合という性格を強く持っており、校地も運動場も縮小され、その矛盾が運動会に象徴的に現れてしまっているのです。

また運動会の「演技」に、「戦国飛脚合戦」「戦国ソーラン――歴史を動かすのは君たちだ」「戦国綱引き合戦」などと、「戦国」が強調されているのは、今の競争社会を戦国と見立てて、子どもたちに勝ち残る「戦士」たれというメッセージを送るためなのでしょうか。

施設一体型一貫校の数々の奇妙な様子

親や関係者から疑問や不安が出されている一貫校の開校以来の様子を紹介してみましょう。

(1) 小中一貫校ということで、授業時間が小学生と中学生が同じになってしまった。そのため休み時間がすべて一〇分という形になり、小学校ではそれまであった二〇分休み時間がなくなった。ゆったり遊べないので子どものストレスがたまる。担任も一緒に遊びたいけれども、時間が短いので、ゆったり一緒に遊べる時間がない。

(2) 今までのように、四時頃になったら教員が職員室に集まって話し合う、という風にならないで、教室に向かってしまう。職員室は、公務分掌ごとにグループ化され、学年の教師が話し合いにくい構造になっている。教師はそれぞれの教室に引きこもりがちになった。

(3) 教室とオープンスペースの間が間仕切りのみで、風通しがよすぎて、冬には全館の温度設定を三〇度まで上げても、下の階では子どもが寒くてぶるぶるしている。三、四階ぐらいになるとようやく暖かくなる。デラックスな近代的建築のようでありながら、学校・教室として使うには、不経済で、うまく使えない。学校建築として欠点が多い。

(4) しょっちゅう管理会社がトイレ掃除をしている。学校は管理会社から施設を借りているという感じ。プールも自分たちの学校のプールという感じにならない。管理会社から「きれいに、汚さないで」としょっちゅう注意される。自分たちの学校という感じがしない（注――プールは区の施設となっている）。

(5) 親が一番問題として指摘するのは運動会。九学年が一緒にやるので、待つ時間が多く、一人あたりの出場する種目が少ない。自分の子どもがでる時間がとても少なく、短い。中学校と小学校の運動会を分けてほしいという希望が多い。

(6) 小学生にも標準服が強制され、七〜八万円もする。中学ではズボンだけで一万円する。それに夏服、冬服がある。ようやくリサイクルの話が出始めた。特に小学校段階で、どうして制服がいるのか。

(7) 五、六年生の中間・定期考査をやめてほしいという声の方が強い。中学校と小学校の行事を一緒にしないでほしい。四、七年生、五、八年生というまとまりでの移動教室もあまり好ましくないという親が多い。

(8) 五、六年がいままでは最上級学年として、委員会をやり、下の学年の面倒をみていたが、それらの役割が全て九年生の役割になって、急にその大事な役割がなくなるために、五、六年生は宙ぶらりんという形になる。教科担任制になったということで、教室に担任が座る教卓とか机がなくなった。そうすると五年生ぐらいだと子どもは急にふらふらっとしてしまう。誰かが教室にいて、注意するわけではない。学習規律が乱れてしまう。いつも担任がいるわけではないので、生徒は問題が起きたときに誰に頼ったらいいのかわからない。教員の側も誰がどう対処したらいいかはっきりしない。そういうトラブルがしょっちゅう起こっている。そして担任がいる短い時間で対処しようとするから無理がかかってしまう。そのため両方の言い分を十分聞いて対処することができず、保護者の苦情にもなる。

(9) 小学校の卒業式がないことについて、管理職は九年生でリーダーシップなどがとれるようになればいい、九年かけて指導する体制なので、長い視野でみればよいという。いったん小学校の最上学年としていろんな経験を積み、そして中学に入って三年になってリーダーシップに再挑戦するというのが本当の姿だと思うけれど、それは分離型にいたからそう思うんだろうと管理職からは批判される。

(10) 校庭がなかなか使えないので、体育実技は二時間。一時間は校庭、一時間はアリーナを使う。プールがそのほかにある。日野学園は、小学校の運動場（第二グラウンド）も使っているが、伊藤学園は一つだけになった。小学校にはウサギ小屋もあったが、なくなってしまった。花壇も隅に追いやられている。

(11) 校長が一〇〇〇人ほどの子どもを前に朝礼で中学生向けの話をする。小学生にとってはむずかしい話になり、小学校での朝礼が懐かしい。

(12) 生活規律を小・中一緒にするというような機械的な指導も矛盾を起こしている。小学生の女子児童に短いスカートがいけないというのは、おかしい。小学校籍の子どもに、中学生生徒の校則との統一性を求めてくる。そこでは教育観が混乱している。子どもたちの成長発達段階をきちんととらえた指導になっていない。

⒀　教室の移動にはエレベーターが使えないので、特別室や体育館の利用のためには、生徒が階段に詰めかけ、そこで体の大きさが違う子どもたちがすれ違うという、学校としては普通考えられないような校舎の作りが、矛盾を生み出している。

もちろんこういうちぐはぐ状況に対して、一部では見直しがなされつつあるものもありますが（授業時間を小、中差異化することや、校則の別適用、運動会の小・中分離化など）、職員会議を廃止して教師に伝達すればよいという学校管理理念の下で、こういう矛盾を職員会議で検討して改めていくというような学校内部からの自主的な改善努力もなかなか進んで行かないようです。

いずれにしても、同一施設で九学年が一緒の生活をすることが教育システムとして優れているという主張は、どこでも証明されたことはありません。そういう意味では品川の施設一体型小中一貫校というのは、教育学的な根拠も、また区民の合意も、また現場教育の専門家としての教職員の合意もないままに、しかもそこで起こりうる事態についての事前の検討や対策をも欠いて、教育行政の一方的判断によって強行された、本当にずさんな、まさに子どもを「無謀な人体実験」にさらす教育実験といわなければなりません。

4　施設一体型「小中一貫校」の教育学的「根拠」はあるのか

では、いったいどういう根拠で、このような小中一貫校が設置されたのでしょうか。そのことを検討してみましょう。

「中一プロブレム」の克服という視点

小中一貫教育の実施に当たって、「中一プロブレム」（あるいは「中一ギャップ」）の克服という教育効果が挙げられています。ほんとうにそういう効果があるのでしょうか。小学校と中学校教育の差異や断絶などに由来する「中一プロブレム」というものがあるとすれば、それがどういうものであれ、それを克服するためには、小学校教育と中学校教育の教育的連携が必要であり、両方が協力した一貫した教育対策が不可欠だということとは、当然のことです。ところが、小中一貫校がその「中一プロブレム」の克服に役に立つということは、どこでも証明されていないことなのです。

なぜそういえるのかというと、そもそも「中一プロブレム」がどうして起こるのかについての、きちんとした分析がなされていないからです。確かに不登校は中学で大きく増加します。また校内暴力や落ちこぼれは、中学になると大きく増加しています。そういう現象が中一から大きく増加するという点では、「中一プロブレム」と呼ぶことは可能です。*

* 文科省「生徒指導上の諸問題の現状について（概要）平成一七年度」によると、暴力行為が学校内で発生した学校は、小学校〇・六％、中学校一四・九％、高等学校一六・四％。いじめが発生した学校数は、小学校一一・三％、中学校三四・六％、高等学校三〇・〇％。不登校（年間に三〇日以上欠席）生の在籍児童生徒数に占める割合は、小学校〇・三二％、中学校二一・七五％となっている。

しかしなぜそれが起こるのかの原因を解明せずに、小学生と中学生を一緒の校舎に集めたからといって、「中一プロブレム」が解消するというものではありません。校内暴力や不登校、いじめの増加は、単に新しい友人関係と出会うからというよりも、日本の中学校教育が持っている独特の競争性や抑圧性、学習の性格に深く関わっているとみるのがむしろ妥当でしょう。中学校にはいると急に学習内容が増加し、落ちこぼれが増えるのが現実です。そして小学校のような勉強のおもしろさが少なくなって、高校受験に向けた点数競争が強まります。テストが多くなり、点数獲得への圧力が格段に高まります。また小学校では教師と子どもの関係が強く、問題があれば教師の指導で改善される面が強いのに、中学では生徒同士の関係が急速に強まり、そこに教師の指導がなかなか入りにくい状況も生まれてきます。そのため生徒がいじめや暴力事件などに巻き込まれることも多くなります。中学になると生徒の間にストレスが急に高まるのは、小学校教育と中学校教育のそういう質の違いに大きな原因があるとみる必要があります。確かにそれは、一面で、新たな発達段階に到達するための試練でもありますが、同時に現代の中学校教育の矛盾が引き起こしたトラブルなのです。

ところが品川の小中一貫校は、むしろ中学校のような学習スタイルと生徒関係を小学校の五年生から開始しようとしているのです。そのため、クラス担任制が五年生から中学のような教科担任制になり、中学と同じように中間テストや期末テストが行われ、しかも教育内容は前倒しで小学校に中学校からおりて来るのです。さらに五、六年生の様々な学校生活様式を中学スタイルに切り替えることが意図されています。たとえば、「標準服」を一～四年生と五～九年生に二分する、体操着も一～四年生と五～九年生を区分する、一～四年生は連絡帳で五～九年生は生徒手帳、名札は一～四年生と五～九年生で区分、午前の二〇分休憩は一～四年生のみ、等々とすることが意図されていました（二〇〇四年段階の教育委員会指導資料に示された方針）。

中一プロブレムがこれでは小五プロブレムになる可能性すらあるのではないでしょうか。教科担任制について、若月氏は、「教科担任制を実現することで、閉鎖的な学級経営は不可能」（『品川区の「教育改革」何がどう変わったか』明治図書、二〇〇八年、一六頁）にするというねらいを述べていますが、クラス担任システムが持っていた大きなメリットを視野におかない暴論というべきものです。

小学校教育の教育力の強さは、クラスが同時に担任と児童の共同生活空間として組織され、その共同生活の空間と時間を皆が全力で豊かにしようと努力しあうことによって生み出されている面があります。五年生や六年生の担任によるクラスづくりが、とても豊かな教室生活を生み出していたという学校体験を味わった方も多いのではないでしょうか。小学校のクラス担任制が閉塞的だから問題が起こるのだというのも、一面的でしょう。学級崩壊など、困難が増加しているのは、子どもの荒れや貧困が増加していること、教師の教育力を奪ってきた四〇人学級制度などに大きな原因があり、少人数学級化を進めて六年生までは担任がクラスの子どもをトータルに把握して支えるクラス担任制を残した方がよいとする考えにも説得性があります。困難だからといって学級づくりという大変重い課題を放棄することで、子どものケアを削減するという選択ではなく、この部分を大事にして、子どもを支える支援体制を豊かにするという選択がむしろ求められているのではないでしょうか。

本来の担任がたびたび他クラスや他学年を教えるため担任クラスを離れることは、クラス指導上大きなマイナスとならざるを得ません。また小学校の五、六年段階で教科担任制を実施する場合、多くは小学校教員免許を持った教員が専科担当免許も持たずに「専門」教科を担当することとなり、現行の教員養成制度との矛盾も大きなマイナス要因となることを見ておかなければなりません。

また重要なことは、小学校の五、六年生で、集団のリーダーとして急速に成長し、思春期の仲間関係を主体的、自治的に対処していける豊かな社会性を獲得して、その成長の成果と自信を携えて、中学生というより難しい仲間関係に挑戦していくのではないでしょうか。そのためにクラス担任制はむしろ欠かせないのではないでしょうか。ところが品川の小中一貫校では、そういう成長の機会をなくし、児童会もなくし、卒業式もなくして、まだ思春期的葛藤の入り口にある五年生を、教師のていねいな支えのないままに中学生のような生徒関係にさらしてしまうことになる可能性があります。これでは、決して「中一プロブレム」の解消につながらないだけでなく、むしろ「中一プロブレム」を「小五〜中一プロブレム」へと引き下ろし、長引かせる危険すらあるのではないでしょうか。

これは単なる憶測ではなく、論理的にみて、かなり可能性の高いものです。そういう危うさについて、きちんと議論したのでしょうか。しかし、全くそういう検討は、なされていないのが現状です。

「学校文化」の違いという視点

その点で、小中一貫校をどう見るかに関連して、小学校の学校文化と中学校の学校文化の違いというものに注目する必要があると思われます。

日本の学校教育で、外国からも高く評価されることが多いのは、小学校でした。小学校では、学習内容に子どもの生活とつながるような工夫が多く取り入れられ、また教師はクラスが一つの共同体のように生活することを目標にして、子どもを平等に扱う工夫をしてきました。子どもと教師の関係も家庭的で、家族のような親密な関係に近いものがあります。またテストの圧力も少なく、テスト週間のようなものもありません。またクラスごとの生活が重視され、学校行事もクラス単位で取り組み、教師は、自分が担任した一人一人の子どもを全人格的に捉え、長期的視野のなかで育てていこうとしました。優れた教師は、弱い子どもや困難を抱えた子どもを学級全体で支えはげますような関係作りにも高い指導力を発揮してきました。

ところが中学では、教科担任制になり、学習内容が抽象化し、テスト圧力が急速に強まります。中間、期末テストが繰り返され、各種の学力テストが行われ、高校進学に向けて偏差値評価が深く浸透します。生活と教育とをていねいに結びつけて生徒の興味を引き出すような授業が少なくなり、学習量も多く、急速に落ちこぼれが拡大していきます。高校受験に向けて塾通いが広まり、学校の学習と平行して進行するようになります。また生徒同士の関係が急速に組み替えられていきます。教師と生徒の関係よりも、生徒同士の関係が決定的に重要になり、部活での先輩後輩関係なども急に大きくなります。そのため、孤立をおそれるコミュニケーション関係のトラブルや、いじめ・いじめられ関係が急速に進行していくことにもなります。逆にまた自立と自治の力がうまく育てられれば、自主的な生徒間の協同や連帯、自治なども生まれてきました。

もちろん、今の日本の都市部では、多くの子どもが私立中学受験を行う地域があり、そういう地域の小学校では、中学受験の圧力で小学校高学年の学習が変化し、受験のための記憶主義的学習習慣が広まっています。また受験組（塾による学習先取り組）と非受験組の亀裂が深まり、授業進行に大きな矛盾が生まれ、授業がうまく成り立たないという状況が広まっていることも事実です。*

* イギリスの小学校と中学校（中等学校）の差異について、アンディー・ファーロング／フレッド・カートメル、乾彰夫他訳『若者と社会変容』（大月書店、二〇〇九年）のなかで次のように述べられている。

「若者のなかには、小学校から中学校への移行で困難を経験し、新しい環境にうまく落ち着くことができない者がいる。ボールらは小学校から中学校への移行に関する困難について言及するなかで、一人の女の子に注目している。彼女は『平和で平穏なオアシス』のような小学校を経験したが、中学校での経験は、『もうひとつの戦場であり、すでに入学直後から耐えられない』ものになってしまっていた……。同様に、あるスコットランドの調査……では、多くの若者は、小学校は楽しかったが、中学校で落ちこぼれたと語っている。若者は小学校と中学校のあいだに断絶を感じ、見慣れた顔のいない教室のなかで喪失感や脅威を感じることがある。小学校はたいてい小規模で、居住地域にあり、比較的社会階層構成の点で、同質性がある。それに対して、中学校は、より広い通学範囲を持ち、社会的にはより異質性を含んでいる。そのスコットランド調査では、特定の教師たちの生徒に対する接し方が、自分たちの社会的環境に不利な影響を与えていたと回答者たちは感じていた。そのうちの何人かは、中学校に入学するやいなや、自分の兄や姉や親戚と同様の欠点があると『汚名を着せる』教師たちによって、多かれ少なかれ、いやな体験をしたと語っている。また学校で困難を抱えていて小学校では教師たちから手厚い支援を受けていた若者たちは、しばしば、中学校では自力でやるようにとほったらかされていると感じていた。」（五四頁）

それらのことを踏まえるならば、小中の教育の一貫性や連続性を主張する場合でも、いったいこの「小学校的学校教育文化」と「中学校的学校教育文化」の差をどう埋めるのかは、そう簡単ではないことがわかるでしょう。その二つの教育文化の差異を整理しておきましょう（図表1―2）。

ところが品川の小中一貫校は、そういう小学校と中学校の教育文化の違いをしっかり踏まえることなく、

図表1-2　小学校と中学校の二つの教育文化の差異

差異	小学校的学校教育文化	中学校的学校教育文化
担任制	クラス担任制	教科担任制
クラスの性格	共同生活体としてのクラス（強） 競争的人間関係（弱）	共同生活体としてのクラス（弱） 競争的人間関係（強）
テスト	必要に応じた授業内テスト	中間、期末テスト
部活	教師のていねいな指導下の授業内クラブ	多様な部活 強力な先輩後輩関係
学習・評価	生活と結合、学習の楽しさ重視 絶対評価的評価	抽象度高い・競争的性格の強まり 相対評価・偏差値的評価の拡大
授業進度	ゆっくり	速い
生徒間関係	クラス仲間（横）中心＋ケア的異年齢関係	横＋先輩後輩関係
生徒・教師関係	個別生徒と教師の関係（強）	教師から自立した生徒関係
地域的性格	同質的地域性	異質的要素の拡大

注）この「差異」は、必ずしも不可避的なものではない。日本の小学校と中学校の実際の学校文化の違いを念頭に置いて分類したもの。したがってまた、一律にどちらが優れているというものでもない。しかし日本の過度に競争的な学校のあり方が問題視される状況においては、中学校文化にその負の性格が強く表れていると見ることができる。

できるだけ早く「中学校的学校教育文化」を導入することが、教育的効率が上がると考えたようなのです。そう考えるならば、小学校教育の特徴が四年間に短縮されて、中学のような学校文化のもとで学習するという「中学校的学校教育文化」の前倒し的導入こそが、この小中一貫教育の中心的な意図だったということができるでしょう。はたしてそれは「中一プロブレム」の克服につながるのでしょうか。

実は、この間の国レベルの教育改革は、「総合学習」や「応用力」や「表現活動」などを重視するという意味では、むしろ小学校的学校教育文化の方が重視されるべきだとする考え方を背景に持っていたとみることもできるのです。しかしそういう方向がこの間、国際的な学力比較で日本が低下したというキャンペーンのなかで、テスト対応の学力を効率的に高める方向へと大きく揺り戻しされてきたという変化も生まれてきました。そういう中で、品川区はいち早く学力競争圧力を高めて、その意味で「中学校的学校教育文化」を早期から導入する方がよいという選択を行ったとみることができるのです。しかしそれは、中学校進学によって引き起こされる「小学校的学校教育文化」と「中学校的学校教育文化」のギャップによる困難を、より早期に、小学校の五年生から発現させてしまう危険を高めたのではないでしょうか。

ヨーロッパ諸国の教育に比して日本の教育の異常さは、その競争性にあることが指摘されています。そうすると品川の教育改革の中心である小中一貫校の設置は、そういう問題性をさらに強引に小学生にまで引き下ろすことにつながるものと言わなければなりません。そういう本質をもつ教育改革を、区民は本当に承知の上で合意してきたのでしょうか。今、そのことが問われているのです。

小中一貫校の「教育学的根拠」は?

それにしても、このような教育改革について、どんな教育学的な根拠があるとされてきたのでしょうか。その点に関して、品川区は、小中一貫（校）教育の根拠として、子どもの発達段階は、六・三という区切りよりも四・三・二の方がよいという考えを主張しています。次のように述べられています。

青木指導課長は、九年間の義務教育の発達過程の四・五の五を、三と二に区分して検討していくとした。また、その四と五という区切りは学問的根拠によって裏づけられているとして次のように説明していた。／すなわち、子どもの身体的な発達の観点からすれば、シュットラッツの論にあるように、一〇歳から一一歳前後は、女子は充実期から伸張期への移行があり、男子は身長や体力診断テストなどで大きな変化を看取でき、かつ心理学的観点からも認識的発達は一一歳前後に形式的操作による抽象的思考に変わっていくとされていることから、一〇歳から一一歳の五、六年生が子どもの成長の一つの節目になっていると述べていた。また、実態としても、小学校五年生の一〇歳から一一歳、中学二年生の一三歳から一四歳あたりに、学校生活における不登校や学級崩壊などが生じているとした。（品川区教育委員会『検証第二年次報告書』二〇〇八年三月、三七頁）

軽く読み過ごしてしまうと、だから四・三・二区分なんだと納得してしまいそうですが、しかし、実はこの議論は、「だから六・三制ではなく九年一貫校が望ましい」という論拠には全くなっていないということを指摘しなければなりません。そもそも学校制度区分としての六・三制は、さまざまな発達段階論を視野に置きつつ、長い歴史的経験と実績の上に選び取られてきたものです。「九・一〇歳の壁」論は昔から指摘されてきたことで目新しいことではありません。また、「九・一〇歳の壁」と呼ばれる発達上の一つの転換点に注意して、教育の方法などを検討していかなければならないことも当然のことです。また身体発達では、発達心理学者のシュトラッツ（Stratz）が指摘したような「伸長期」と「充実期」が交互に人間の成長に現れるという考え方も一定の根拠を持っています。小中一貫教育という小学校教育と中学校教育の連携に当たっては、それらの問題を視野に置かなければならないことはいうまでもありません。でも、そのことと九年一貫という小中一貫校教育とがどう関連しているのかを明らかにした議論を抜きに、「だから施設一体型の小中一貫校がよい」などとは決して言えないのです。

「九・一〇歳の壁」とは、具体的な操作に即して物事を考える認識の発達段階から、抽象的な思考へと飛躍するその境目が九・一〇歳前後にあり、その壁を乗り越えさせる教育方法が求められることを指摘するものです。ですから、抽象的思考への移行の困難は、小学校のように徹底して具体物を教材としてゆっくり考える中でこそ越えられる、という論理も説得性があり、そういう方向での教育方法も蓄積されてきたのです。この段階に性急に、法則の抽象的な操作だけの学習を持ちこめば、「九・一〇歳の壁」がもっと大きくなってしまう可能性があります。「九・一〇歳の壁」論は、今までの六・三の区分よりも四・三・二の区分――それに基づく小中一貫校の仕組み――の方がよいということを、科学的に根拠づけるものではないのです。

また品川の調査で、自尊感情が小五になった段階で低下しているという数字が挙げられ、「だから」小中一貫教育だと主張されています（安彦忠彦「子どもの早期成熟化に対応した学校体系を――脳科学と連携して考える発達段階論」、『ＢＥＲＤ』第七号、ベネッセ教育開発センター、二〇〇七年）。しかし自尊感情の低下は、近年、中学受験が増加して、五年生ぐらいから受験モードが広まってきていることが大きく関係しているのではないでしょうか。品川の場合、私立・国立中学進学率は、二八・七％に達しており（二〇一〇年度）、受験する生徒は、多い小学校ではおそらく半数近くとなるのではないでしょうか。受験競争が五、六年生におりてきているという現実が、そういう事態を引き起こしているとすれば、小中一貫校がそういう事態に対する解決策になるという根拠はどこにもありません。

一〇歳ぐらいが社会性が発達していく転換点だという議論もまた、だから小中一貫校だとされていますが、逆に社会性が発達するからこそ、五、六年生が全校のリーダーとして学校をまとめていく本格的経験を積んで、中学へ自信を持って進学していくことができる六年制小学校のよさを主張する議論にもなります。また中学生という三年間のまとまりが創り出していた自治的協同についても、四・三・二で分けてしまうと、一四、一五歳の二年間だけでまとまったグループを作ることは、かえって困難になるのではないかとも考えられます。

なお重ねて指摘しておきますが、上記のような発達特性の変化があるということは、その違いをきちんと認識して、それにふさわしい対応をし、それら全体を長期的視野から有効に連携させて行うということであって、本来の小中一貫教育とはそういう連携の発展を意味するべきものです。決して五、六年生に中学のような仕組みの教育を早くから一貫して行うという意味での「一貫」ではないはずです。したがって、発達特性の変化をきちんと吟味してその教育的働きかけの「連携」を深めることが当然必要だとしても、「だから九学年が一緒に過ごす小中一貫校が望ましい」という根拠とはならないのです。そう考えてみると、この小中一貫校の教育学的根拠は今までどこでも議論されてこないままに、強行実施されてきたという驚くべき事態が見えてくるのです。

最後に品川の小中一貫教育のもう一つの矛盾を指摘しておきましょう。それは〈六・三制〉に〈四・三・二制〉を押しつける矛盾です。それは、小中一貫教育を根拠に施設一体型小中一貫校を設置し、その結果、施設一体型九年一貫校と施設分離型〈六・三制〉校との格差と差別化が進むことになり、それを平等であると強弁するために、一貫校の仕組みを分離型の小中一貫教育連携校間にも導入し実施させるという、大変無理な強制をしたからではないでしょうか。そもそも、〈四・三・二〉区分は、施設を一体化した小中一貫校を前提とした仕組みなのに、それを施設分離型の連携校間にも無理に当てはめるということになってしまったのです。そのため、施設分離型の小中一貫教育の実施のため、小学校と中学校の間を、生徒や教員が忙しそうに行ったり来たりする不思議な光景が生まれてしまったのです。ただでさえ時間のない教員は、一貫教育のための業務をさらに強制されて忙殺される事態へと追い込まれているのです。どうしてこのような無理を強制するのでしょうか。つじつま合わせによって、教育的に見れば大変な矛盾と混乱を背負わせてしまう教育方式を、平気で学校現場に強制する乱暴な教育行政が、混乱を拡大しているのです。

小中一貫教育カリキュラムは前倒しカリキュラム

これほどたくさんの問題点を抱えているにもかかわらず、どんどん小中一貫校が建設されていくのはどうしてなのでしょうか。その一つの理由は、最初に指摘したように、これが学校統廃合の妙案だという点にあるのではないでしょうか。何しろ一挙に、広大な学校の敷地が、新たな施設としての活用に回せる土地として提供されることになるのですから。しかしそれは、子どもたちを狭い校地に詰め込み、学校としては異例の「高層建築」で対処するという犠牲の上に進められているのです。

しかしもう一つの理由があるようにも思われます。それは、小中を貫く一貫したカリキュラムを作って、高校受験に対応した効率的で速習型の教育を推進しようということにあるのではないでしょうか。小中一貫校の設置は、品川に大変に多い私立中学への進学者を、もう一度公立中学に呼び戻す方法だとみている人もいます。そのためにとられた方法が、前倒しカリキュラムです。

小中一貫のカリキュラムは「早修型カリキュラム」とも見なされており（小川正人編集代表、品川区教育委員会編『検証・教育改革』九九頁）、部分的に「中学校カリキュラムが小学校に組み込まれて」おり、「小学校の中学校化」という言葉さえ使われています（同、九九頁）。

国語の漢字学習のペースが品川の小中一貫カリキュラムで一挙に高められていることが、そのことをもっとも典型的に現わしています（図表1―3）。

図表1-3　漢字学習カリキュラム

	指導要領		品川	
	学年別配当数	合計	学年別配当数	合計
1年	80	80	80	80
2年	160	240	160	240
3年	200	440	285	525
4年	200	640	300	825
5年	185	825	181	1006
6年	181	1006		

注）指導要領で6年までに習う漢字を品川では5年までに習い終える。また指導要領では読めることと書けることの間に一年の差をおいているが、品川では漢字の習得は読めることと書けることを同時に達成するとしている。

図表1-4　前倒しの数学カリキュラム

品川の2010年現在の「小中一貫教育要領」で、学習指導要領で示されたカリキュラム内容のうち、小学校で上級学年から降ろされている項目

学年	項目
1年	◇和が100以下の加法、その逆の減法 ◇ｃｍ
2年	◇正方形、長方形、直角三角形
3年	◇小数の加法、減法 ◇分数の意味と表し方 ◇二等辺三角形、正三角形
4年	◇小数のかけ算、割り算 ◇直線の平行、垂直 ◇平行四辺形、台形、ひし形 ◇文字（ａ、ｂなど）を使った式 ◇概数（和と差） ◇分数（同分母）の加法、減法
5年	◇約数、倍数、最大公約数、最小公倍数 ◇異分母分数の加法、減法、約分、通分 ◇台形、ひし形の面積
6年	◇正の数と負の数 ◇角柱、円柱、錐体 ◇線対称、点対称 ◇図形の合同 ◇比例や反比例、それを表やグラフで調べる ◇場合の数

図表1-5　学習指導要領と小中一貫校日野学園（2007年現在）授業時間数の比較

			第1学年		第2学年		第3学年		第4学年		第5学年		第6学年	
			指導要領	日野	指導要領	日野	指導要領	日野	指導要領	日野	指導要領	日野	指導要領	日野
各教科		国語	272	284	280	290	235	285	235	285	180	200	175	195
		社会	—	—	—	—	70	70	85	85	90	90	100	100
		算数	114	114	155	160	150	205	150	205	150	170	150	170
		理科	—	—	—	—	70	70	90	90	95	95	95	95
		生活	102	102	105	105	—	—	—	—	—	—	—	—
		音楽	68	68	70	70	60	60	60	60	50	50	50	50
		図画工作	68	68	70	70	60	60	60	60	50	50	50	50
		家庭									60	60	55	55
		体育	90	90	90	90	90	90	90	90	90	90	90	90
市民科に対応した部分と品川・市民科	指導要領	道徳	34		35		35		35		35		35	
		総合的な学習	—	—	—	—	105		105		110		110	
		特別活動	34		35		35		35		35		35	
		三つの合計	68		70		175		175		180		180	
	日野・市民科			70		70		70		70		105		105
外国語活動			—	35	—	35	—	35	—	35	—	35	—	35
日野・ステップアップ学習				78		78		78		78		151		151
総授業時数			782	909	840	968	910	1023	945	1058	945	1096	945	1096
日野の時間数の増加時間				127		128		113		113		151		151

また算数・数学の小中一貫カリキュラムを見ても、そのことが指摘できます（図表1―4）。

　これら「前倒しカリキュラム」は、一見すると積極的な、あるいは革新的な教育改革のように見えるかもしれません。しかしよく考えてみると、そこには大きな矛盾が含まれています。そもそも、そのような前倒しの内容を含んだたくさんの教育内容をどのようにしてこなそうとしているのでしょうか。それは基本的には、授業時間数の大幅な増加です。品川の授業時間数と学習指導要領の時間数とを比較してみるとそのことは明確です。

　図表1―5で明確なように、小中一貫校（日野学園）の時間数は、小学校段階で見ると一一三～一五一時間も多くなっています。新指導要領（小学校は二〇一一年度から全面実施）は相当時間数を増やしていますが、それでも日野学園の方が、各学年で五八～一一六時間も多くなっています。しかも日野学園のカリキュラムは、指導要領の「道徳の時間」、「総合的な学習の時間」、「特別活動の時間」を統合して「市民科」に改変することでその合計時間数を

減らし、三、四年で一〇五時間、五、六年で七五時間を教科学習に回すという方法をとっていますから、教科学習時間は、三年生から六年生では、各学年で指導要領よりも二〇〇時間ほども多くなっているのです(品川区立小中一貫校日野学園著『小中一貫の学校づくり』教育出版、による)。しかし果たして、生徒はそういう状況に本当にみんなついて行けるのでしょうか。

第一に、このような時間数増が、全体としての学校生活の密度を無理に高める方法で捻出されているということです。二〇〇七年段階の日野学園の例を見てみますと、休み時間を短くする(各授業の間の休みは五分、小学校の二時間目後の二〇分休みを一〇分にする)、朝学習(ステップアップ学習)を早くから行う(月~木に毎回二五分間ずつ)、低学年の六時間授業を増やす(月、火、木、金)、金曜日に七時間目も設定する(五~九年生)、などです。しかしそれは全体として子どもの疲労を高め、遊びも含んだ子どもたち同士のゆったりとした関わり合いの時間を奪い、子どもをギリギリの時間で追い立てる状態を生み出さざるをえません。子どものストレスと疲労を蓄積させるのではないでしょうか。

第二に、単純なことですが、教える内容を増やしたら、そして授業時間数をむやみに増やしたら、教育効果が上がるなどという単純な論理は、ほとんど成り立たないということです。他の条件を変えないで教育内容を増加させると、確実に落ちこぼれを増加させてしまうことになります。少人数学級を実施するとか、落ちこぼれそうな生徒への手厚い援助体制を作るとか、教育課程を根本的に見直して不必要な部分を削減して全体としての教育内容量を調整するといった条件整備が不可欠です。品川区教育委員会は、ステップアップ学習という方法を導入したといっていますが、細かく分けた学習段階を一人一人の生徒が個別学習で上に向かって進んでいく方式は、学校の学習を個人のドリル学習に変えてしまい、ともに学び合う楽しさを失わせてしまい、ついて行けない生徒たちをますます学習嫌いにする可能性があります。何より、子どもたちが、こういう教育内容の増加と学習時間の増加に、体力的・精神的に対応できるのでしょうか。

第三に、品川区の教育改革関係者は、「早修型」カリキュラム（前倒しカリキュラムのこと）の「利点」として、それが「スパイラル型」（くり返し学習型）でもあるので、「単元内容を学習する時期が指導要領よりも早いので、より多くの授業時数を充てられること」（前出『検証・教育改革』九三頁）などと述べています。しかし一学年先のカリキュラムを短時間で教えることは非常に困難で、一年経った時に子どもは何も覚えていないという結果も多く、しかも前倒しの時間分本来の学年で教える時間数が減るということにもなり、効果があがらないだけでなく、逆効果になる可能性も高いのです。

第四に、そもそも公立学校では、一方的な受験対応型の詰め込み教育を行えば、学校教育に混乱を生じてしまう可能性が高いのです。私立の小学校や中学校の場合、入学試験によって成績のよい生徒を集め、困難を抱えた生徒を排除して、「効率的」な教育を行うという方法をとっているところも多くあります。しかし公立学校の場合、学校選択で「選ばれる学校」になっても、入学生徒を成績で選ぶことなどあり得ません。要するに、小中一貫校だからといって、授業時間を増やし、徹底的に教え込めば、普通の六・三の学校よりも成績が上がるという好条件などどこにもないというべきでしょう。

にもかかわらず、小中一貫校は、高校入試などで他の公立学校よりも秀でることを強いられて、生徒の数値上の成績向上に次々と挑戦せざるを得なくなっているのです。そのため、日野学園は、二〇一〇年の夏休みに、第八学年の「勉強合宿」を計画しましたが、その内容は、埼玉県の国立女性会館に生徒を三泊四日で宿泊させ、二、三日目は一日一二時間学習、学習終了時間二四時という特訓方式（親からの批判もあり、学習時間は短縮された）で、そのなかでは、「漢字・単語・計算・年表・元素記号等」を基準点達成まで繰り返す「全員テスト」が行われ、不参加は欠席扱いとされることになっていました。にもかかわらず費用は食費も含んで個人負担で、一万九〇〇〇円となっています。まるで塾の特訓学習のような企画を学校が率先して行い、区立エリート校化を追求しているように見えます。大きな学力格差を抱えざるを得ない公立学校で、こういう仕組みを導入すると、様々な矛盾が噴出するほかないのではないでしょうか。そのような「学校改革」は果たして地域の子どもを支える学校改革といえるのでしょうか。

二〇〇九年度の品川区が独自に実施した「学力定着度調査」の結果分析が品川区教育委員会のホームページで公開されていますが、それによるとテスト対象となった四年生の国語の漢字の「書き」では「結果は習熟基準を上回った問題が2問、下回った問題が8問……、全体の正答率平均は、全体の習熟基準を一〇・九ポイント下回りました」。漢字の書きについては「学習内容の定着に、努力を要する状況」とされています。最も力を入れているはずの漢字学習のこの結果は、軽視できないように感じられます。

5 「市民科」の設置

品川の教育改革で、教育課程に関わって中心的に展開されているもう一つが「市民科」です。しかしこの市民科なるものは、大変多くの問題点と矛盾を、その出発点から抱えています。今回は、その内部に立ち入って詳しく検討することはできませんが、本格的に検証するに当たって分析視点とされるべき論点をここでは挙げておきましょう。

最初に簡単に市民科について説明しておきましょう。

市民科は、学習指導要領でいう道徳、総合学習、特別活動という領域を統合したものだとされています。しかしその基本的な内容は、道徳教育的な性格を持って細かい単元設定がなされています。そして品川区教育委員会が作成した教科書の使用が義務づけられ、授業の進め方については非常に詳細な内容指示が行われています。

教育委員会が編集した『市民科指導の手引き』(教育出版、以下『手引き』)によると、「市民科」は、「今までの日本の教育が、市民性育成についてきわめて手薄であった」ため、「最近の子どもや若者は、規範意識や道徳性、社会的マナーや社会的行動力が身に付いていないと指摘されている」として、「五領域一五能力」――①自己管理領域、②人間関係形成領域、③自治的活動領域、④文化創造領域、⑤将来設計領域――を設定し、一・二年、三・四年、五・六・七年、八・九年の四段階の区切りで、詳細な単元を設定しています。問題点や矛盾は、以下の点にあります。

市民科という教科の設定が持つカリキュラムの全体構成上に及ぼす問題性

この市民科については、学習指導要領で割り当てられている「道徳」、「総合学習」、「特別活動」の時間を当てて作り出されました。ところが、『手引き』には、「児童会・生徒会活動、クラブ活動（小学校のみ）、学校行事は、市民科学習で扱う知識・技能と関連させて指導を行う。ただし、市民科の標準授業時数には含まない」と書かれています。とすると、児童会活動は、本来それを行うための特別活動の時間を奪われてしまうことになり、一体いつ行えばよいのかということになります。文科省の学習指導要領では、「特別活動」の具体的な内容として、「児童会活動」、「異年齢集団による交流」、「クラブ活動（小学校）」、「学校行事」等が挙げられていますが、先生方は、学級経営や学級活動としての行事へのとりくみなどを、学級づくりと一体のものとして取り組んでいます。その時間として重要な「特別活動」の時間をなくして「市民科」を設置し、しかもその時間を実際の児童会や学校行事に使ってはならないとしているのです。これは大きな矛盾であり、豊かな学級活動が縮小せざるを得ません。

また、教科を横断する学習として、調査や分析記録、発表など継続的なテーマに即した学習活動を行う総合学習がなくなってしまってよいのでしょうか。特に小学校では、学習と生活とを結びつけ、多様な表現・創造活動を進める総合学習は、学校での学習の楽しみを作り出す上で、大きな意味を持っています。その時

図表1-6　市民科のステップ

	① 認知	② 心情	③技能（スキル）	④実践	⑤ 評価
基本的課題	課題発見・把握――社会事象・日常生活における実態と課題	正しい知識・認識／価値／道徳的心情――意味づけ、価値付け	スキルトレーニング／体験活動――具体的な対処方法、技能	日常実践／活用――正しい知識・理解に基づく行為・行動	まとめ／評価――自己改善課題解決への知識・技能の活用

間を奪い、ステップアップ学習などのドリル学習のようなものに学習の重点を移し変えてしまってよいのでしょうか。そうすると、市民科の設置というのは、単に新しい教科を設置するということに止まらず、全体としての生徒の学校での学習と生活をどう組み立てていくかに関わる大きな改編であることがわかります。そういう視点からの慎重な検討がなされているとは思えません。

マニュアル化された道徳訓練の授業

市民科の授業は、基本的に価値観や行動規範を子どもに教え、それに基づいた行動や態度を実践をとおして獲得させる「スキルの獲得」という方法が中心になっています。いわば基本的に道徳の授業として組み立てられているのです。しかし本当に市民としての社会的な力を身につけるためには、物事を主体的に考え、みんなで議論して、何が求められているのか、どういう行動をとればよいのかを自分で主体的に選んでいくようなスタイルの学習が求められているのではないでしょうか。市民科の授業では、すべて、以下の五つのステップを順に展開することが指示されています（図表1―6）。

しかしこれでは、常に「正しい知識・認識」が示され、それを進んで実行する「道徳的心情」が求められることになります。最初に正しい「行動規範」や「価値観」が教えられ、それに従って行動する訓練が課せられ、最後にその規準にもとづいて日常の生活が送れたかどうかを振り返り反省するというしつけの教育になってしまいます。

「市民科」では、それぞれの単元の段階で、「なんだろう」の次に必ず「大切なこと＝正しい知識、認識／価値／道徳的心情」の理解が設定されています。一般の教科学習では、思考や論理のハードルを通り抜けて、授業の最後に、「正しい知識、認識／価値／道徳的心情」に行き着くのですが、「市民科」では、結論（「正解」）は最初に示されて、それを実行できたかどうか、すなわち「よい子」であったかどうか、そういう規範を守れる心がけがあるかどうかを総括することになるのです。その結果、子どもたちは、この「市民科」は教師が正しいといったことをどれだけ守れるかを試す時間だと理解し、かくして、市民科は徳目の教え込みとなってしまうのです。

戦後教育の中で、道徳科の設置が議論になりながらそれを教科として設定することが避けられてきたのは、徳目を教科の知識のようにして教え込むことは避けられなければならないとする教育理念が支持されてきたことによっています。品川の「市民科」はそういう議論を一挙に飛び越えて、道徳の教科化を実行に移す性格を持っているように思われます。しかし公教育のありようをめぐるそのような重要な問題点の検討をとばして、道徳教育の教科化ともいえる方向を進めてよいものでしょうか。

シチズンシップ教育との大きな違い

「市民科」という名前からは、ヨーロッパの多くの国で推進されているシチズンシップ教育に近い印象を受けるかもしれませんが、そういうシチズンシップ教育と日本的な道徳教育には大変大きな差があります。何よりもヨーロッパのシチズンシップ教育は、市民革命以来の政治参加の伝統を引き継ぐものです。ですから、シチズンシップ教育の中心課題は生徒の社会参加であり、自治的な統治主体能力の形成にあります。イギリスのシチズンシップ教育の核心は、学校協議会への生徒参加であり、地域作りへの生徒参加であり、地域の広報活動への参加であり、各種のボランティア活動への参加、さらには地域の生活問題を生徒が参加して解決していく調査、研究、討論、意見表明などの学習的参加活動に置かれています。日本でいう道徳教育とは違うのです。またそのために、子どもの権利条約や憲法の人権規定を学び、行使し、主張していく学習的な政治参加へのプロセスなのです。社会の論争問題についても自分たちで調べ、論争していくプログラムが組まれています。品川の市民科にそういうダイナミックな参加活動が一体どのように組み込まれているのでしょうか。

本当の市民としての資質の形成、すなわちシチズンシップ教育にとって重要なことは、細切れにされた「市民的道徳」を単元化された授業で教え込むことではありません。それでは生徒は「よい子」を強制されてうんざりするでしょう。そうではなく、自分たちの生活を如何に主体的に創造していくか、あるいは地域の困難や課題に自分たちで取り組んで、市民としての力がどういうものかを感じ取り、社会的な役割を担える体験を積み上げていくことが重要なのです。だからシチズンシップの教育は、教科書に沿って細かい単元をこなして「正解」とされる行動や「態度」を身につけていくようなやり方では達成できないものであり、子どもたちが学校で自治主体、探究主体、討論主体として生活を送る中で、市民としての諸能力や社会性を獲得していく生活学習プログラムでなければならないのです。そもそもすべての学習内容が細切れの「精緻な単元構成」にもとづいて市民科教科書で提示され、その学習プロセスが「市民科学習の五段階ステップ」として細かく指示され、「正しい知識・認識」を「教えることをためらわない」という「品川市民科」は、最悪の徳目主義とならざるをえず、シチズンシップ教育とは全く異質なものと言わざるをえないのです。

教科学習や生活との取り組みの中で道徳性を獲得させる方法をこそ

学習指導要領でも特別活動は道徳とは区分されて、もっと自由な文化探求の活動ですし、児童会活動や行事の活動も、演劇に取り組んだり、研究発表を行ったり、クラスで生じたトラブルや困難を討論を通して解決していく民主主義を身につけていくプロセスです。自治の力や真理探究への熱意、共同して問題を解決していく表現・討論の力、他者への共感と連帯の力の形成というような現代教育の基本方法が、特別活動を事実上排除する品川の市民科のやり方では大きく後退するのではないでしょうか。

細切れの徳目の教え込みは、それ自体に欠点を持ち、本当の道徳性の形成を妨げる危険性があります。そのことは、教科や自治活動とは別に道徳を教科として教えるという方法自体の持っている問題点として指摘されてきたことなのです。国語で優れた文学作品を味わうことで、心の豊かさや人間的正義を励まされるというような学習は、教科をとおして行われる道徳性の形成こそが本物であることを示しています。憲法の学習は、歴史や人々のたたかいをとおして獲得されてきた人間の尊厳や勇気への感動と一体になってこそ、子どもたちを主体的な人権の担い手へと成長させることができます。環境問題への対処は、科学的な理解に裏打ちされてこそ、日常的な生活行動を変える力となります。そういう科学や文化の裏付けを持たない「よい子主義」「徳目主義」の道徳教育は、表面的になり、自主的な判断力の形成をむしろ妨げてしまいます。市民科は、とてもたくさんの細切れの徳目を列挙しているために、時間的に見ても、「正しい知識・認識／価値／道徳的心情」を教師と生徒が発見していく探究のプロセスを保障する時間などとうてい持ち得ないものであり、どうしても「正解」とされる徳目を教え込む形を取らざるをえなくなってしまうのです。

補足すれば、市民科で取り上げられた「徳目」や「テーマ」が、果たしてどういう選択基準で選ばれたかも大問題というべきです。シチズンシップ教育というならば、憲法や子どもの権利条約を学ぶことが不可欠でしょう。現在の格差や貧困の現実をどう考え、どう改善していくのかという視点を欠いて、平等や相互援助の精神を高めることなどできないのではないでしょうか。ワーキングプアを救えない福祉、ホームレスが放置されている社会など、子どもにとっても大きな疑問になっているのではないでしょうか。戦争やテロがなぜ起こるのか、日本は過去にどんな戦争を経験し、戦争をなくすためにどんな努力をしてきたのかも大きなテーマでしょう。それらは全くといってよいほど取り上げられていません。平和や男女平等というテーマもありません。テーマという点から見ても疑問がいっぱい浮かんできます。

今、「市民科」の見直しをこそ

この市民科について、現場からは、使いにくい、実際は実施していない、などの抵抗や意識的なサボタージュとも読み取れる対応が生まれていることをきちんと見る必要があります。それは、子どものことを考えればそれ以外に対処のしようがないという状況があるのです。例えば、特別活動の時間も、市民科という道徳教育の枠組みの中に組み込まれてしまいました。しかし学級経営を真面目にやろうとすれば、行事や特別活動や子ども指導を道徳教育的な枠で行うことは、到底できないでしょう。しかも実際の学級活動は市民科の授業時間としてはカウントしてはいけないというのですから、市民科を〝忠実〟に行えば、学級行事やクラスの自治活動を指導する時間などなくなってしまうのです。だから本当に豊かな学級活動を作ろうとすれば、この市民科の枠組みとカリキュラムを「逸脱」して、市民科の時間を学級経営などに当てざるをえないのです。しかしその活動を「市民科」の取り組みとして「報告」せざるを得ない状況にも追い込まれてもいるのです。現場を良く見て学校の教育に対処しようとする校長は、教師のそういう「逸脱」行為を黙認しているのでしょうが、機械的な指示を行うだけの校長の下では、そういう教員の「工夫」も禁じられて、もっと矛盾が進行してしまうのです。

さらにまた、この市民科が、今まで指摘してきたような品川独自の特異な教科であるため、品川に転勤してきた先生方にとっては、初めて出会う教科です。そして矛盾があまりに多い教科であるために、どうすればよいかとまどい、そのうちにまた品川から外に転勤していくという状況が繰り返され、結局、いつまで経っても教師は市民科指導に熟練することができず、したがってまた市民科自身、何年たっても一人前の教科になりえない運命を背負ってしまっているのです。一番犠牲になるのは、結局子どもたちではないでしょうか。若月教育長の個人的な「教育理念」に主導されて始まったこの市民科は、品川の教育に大きな矛盾を蓄積しつつあります。今こそ、この市民科を見直すときではないでしょうか。

第2章　品川の学校選択制度の検証――今こそ学校選択制の見直しを――

品川の教育改革の一つの大きな柱は、学校選択制でした。学校選択制が実施されたのは、小学校が二〇〇〇年、中学が二〇〇一年で、すでにそれから一〇年が経過しました。その結果いったいどういうことが起こっているのでしょうか。品川区の教育委員会の評価では、およその学校選択率は三〇％前後であり、適正に運用され、また住民からの支持もむしろ高まっていると発表しています。そういう意味ではこの学校選択は、品川の公教育にとって望ましい政策であり、今後も継続していくとされています。また、品川の教育改革を「検証」する品川区教育委員会との共同研究集団に加わっている研究者も、おおむねプラス評価をしています。

しかし果たしてそういう評価でよいのかどうか、今進行している事態を正確に読み取っての評価であるのかは疑わしいと言わざるをえません。なぜなら、以下に紹介するような数値データに基づく検討は、全く行われていないからです。具体的な検討をしてみましょう。

1　品川区の学校選択のあらまし

最初に品川区の学校選択の様子を概観しておきましょう。東京都品川区の人口は、一九六四（昭和三九）年の四一万人強をピークに三〇年あまりで二五％近く減少してきましたが、一九九八年以降増加に転じ、二

図表2-1　品川区小中学校入学年齢生徒数の予想（2008年度～2030年度）

年度	2008現在	推計				
		2010	2015	2020	2025	2030
小学校入学対象生徒数	2339	2400	**2776**	2365	1972	1750
2008年度比指数	100.0	102.6	**118.7**	101.1	84.3	74.8
中学校入学対象生徒数	2054	2089	2307	**2676**	2284	1910
2008年度比指数	100.0	101.7	112.3	**130.3**	111.2	93.0

注）太字は、ピーク時を示す。
資料）品川区学事制度審議会答申「品川区立学校の適正な教育環境の確保について」（2008年11月）より。

〇〇六年現在三三万四四七〇人となっています。年少人口（〇歳～一四歳）は一九七二（昭和四七）年以降減少を続けてきましたが、二〇〇四（平成一六）年に前年比増となり、また一〇歳未満人口増により、その後も増加に転じています。そのため小学校や中学校相当年齢人口は、二〇一〇年代の半ばから後半にかけて緩やかなピークを迎えると予想されています（図表2―1）。

小学校は、二〇一〇年現在、全部で三八校ありますが、その学校が四つのブロックに分けられ、そのブロック内で選択をすることになります（図表2―2）。しかし小中一貫校については品川全域からの選択が可能になっています。小中一貫校についての受け入れは、小学生については「一貫小学校通学区域＞一貫中学校通学区域＞小学校ブロック内＞区内全域」という優先順位で行われています。しかし二〇〇八年度以降、選択希望者数が学校の受け入れ容量を超えてしまう事態に対して、限度枠を設け、それを超える場合には抽選をしています。

中学校は、二〇一〇年現在、一六校があります。中学の学校選択では、区内全域から選択できます。ただし、一貫校については、「一貫中学校通学区域＞一貫小学校在籍者＞一貫中学校通学区域内の小学校在籍者で一貫中学校通学区域外＞区内全域」の優先順位で受け入れています。また希望申請が受入枠を超えた場合、一貫中学校通学区域と一貫小学校在籍者については一律に入学を認めた上で、それ以外の希望者について、優先順位に基づき、公開で抽選を行っています。

なお以下で品川区の学校選択について行った分析に使用したデータは、品川区教育委員会が公表している各年度『教育委員会事務事業概要』および毎年度区議会に

図表2-2　品川区立小中学校の配置

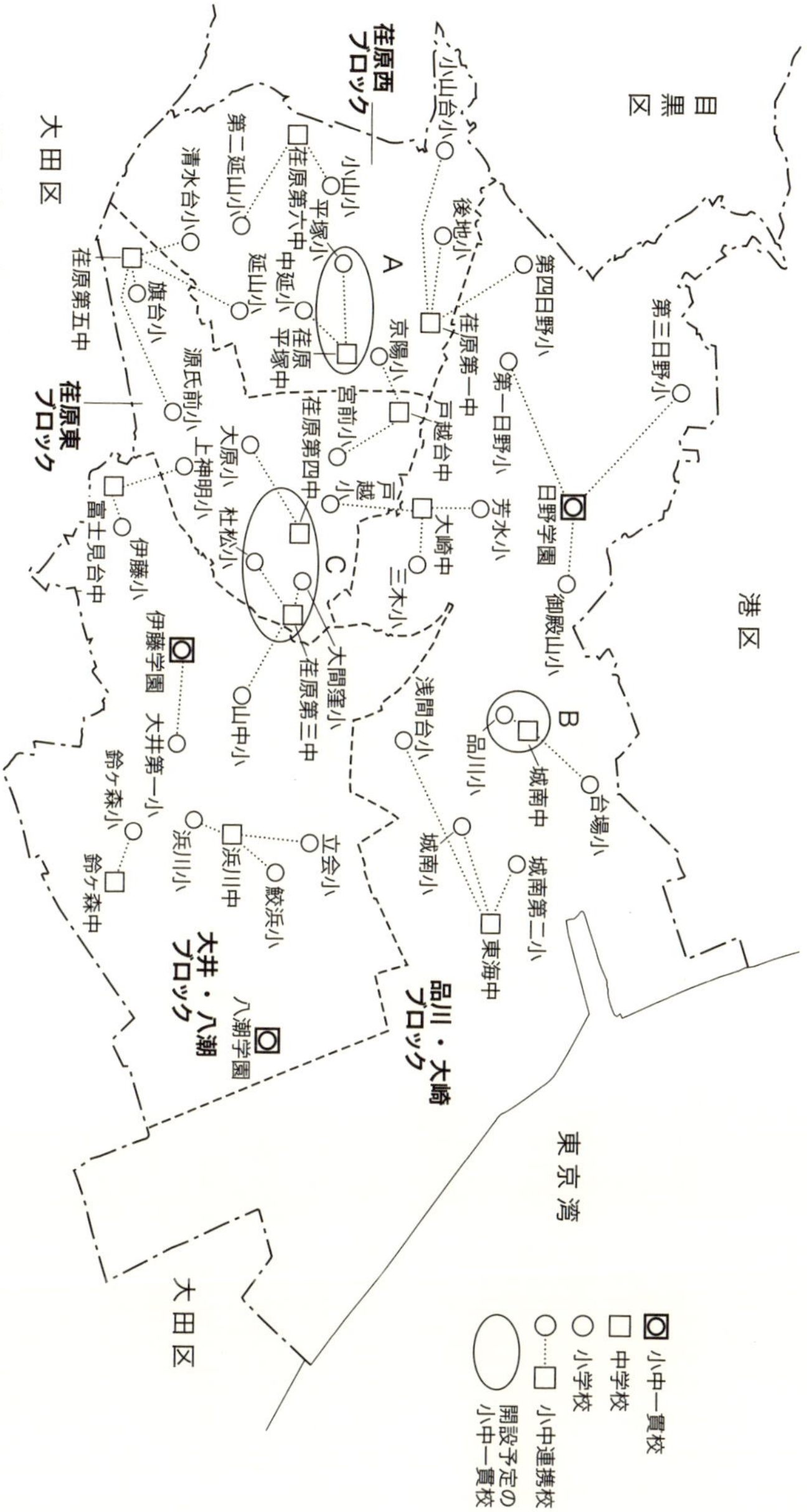

A：荏原西地区小中一貫校　(2010年度開設予定)
B：品川地区小中一貫校　　(2011年度開設予定)
C：荏原東地区小中一貫校　(2013年度開設予定)

資料)品川区教育委員会「品川区小中一貫教育連携校(平成20年度)」より

報告している各年度の学校毎の「新一年生増減要因一覧」（文教委員会資料）」に掲載されているものです。分析に使用した数値は、巻末に資料として掲載しておきます。またこの章に関しては、数値を扱う関係で、煩雑な数値の説明がどうしても必要になります。したがって詳細な説明については、章末の【注記】に回すことにしました。数値の詳しい説明を確かめたいときには、注記をご覧ください。

2　品川の学校選択は、どのような規模で行われているのか

まず、選択率を検討する際の基礎となる人数について中学校に即して説明しておきましょう。図表2―3にあるように一〇個の数値を用いています。

①ある学区の登録生徒数――品川区に住民登録している区民のうち、ある学区の中に含まれる中学校入学年齢に達した子どもの数（前年一〇月時点での住民登録による人数）。選択率の一つの母数となります。

学区の中学に進まず、転出する生徒には四通り考えられます。

②希望申請手続きをとおして、他の学区の区立中学に転出を認められた生徒数（なお、この中には、さらに私立や国立の中学に進学する生徒もいる）。

③私立や国立の中学に進学した生徒数。

④従来からある指定校変更や区域外就学など、希望申請以外の方法で他の学区の区立中学に転出した生徒数。

⑤品川区以外の自治体の公立中学に転出した生徒数など。

こうした転出の結果として、

図表2－3　品川区の中学校進学の概要

		品川区全体	鈴ヶ森中の例
①学区の登録者（A）		2135	138
転出	②　他の学区に希望して転出	596	43
	③　私立・国立の中学に進学	571	23
	④　②以外で他の学区に転出	92	3
	⑤　品川以外の公立中学に転出など	93	6
転出計（B）		1352	75
転入	⑦　他の学区から希望して転入	596	15
	⑧　⑦以外で他の学区から転入	107	0
	⑨　区外から品川区立中学に転入など	68	5
転入計（C）		771	20
⑩入学者数（A－B＋C）		1554	83

注）巻末の資料３から抽出して作成。

⑥その学区の登録生徒で、その学区の中学に進学した生徒数（地元公立中進学者数、ただしこれは品川区のデータでは把握されていない）。

転出とは反対に、ある学区の中学校に転入してくる生徒には三通り考えられます。

⑦希望申請手続きをとおして他の学区から転入した生徒数（区内全体の合計は②の合計と一致）。

⑧希望申請以外の指定校変更や区域外就学などで転入した生徒数。

⑨品川区以外の区域から品川区立の中学校に転入した生徒数。

それらの結果として

⑩ある中学校の入学者数――これは、その学校に実際に入学した生徒数。入学生徒総数は、選択率のもう一つの母数となります。

ここでは参考までに、品川区全体と鈴ヶ森中学校について、①から⑩の数字（⑥を除く）を図表2―3として掲げておきます。

学校選択の実態を知るには、学校選択がどういう規模で行われているのかを正確に把握する必要があります。これに関する学校選択率としては、品川区からはただ一つの数字だけが公表されてきました。その数値は二〇〇九年度ですと、全登録者数（二一三六人）に

図表2−4　多様な選択率と全体の平均値
――2009年度中学選択による学区外転出率（4種類）の比較――

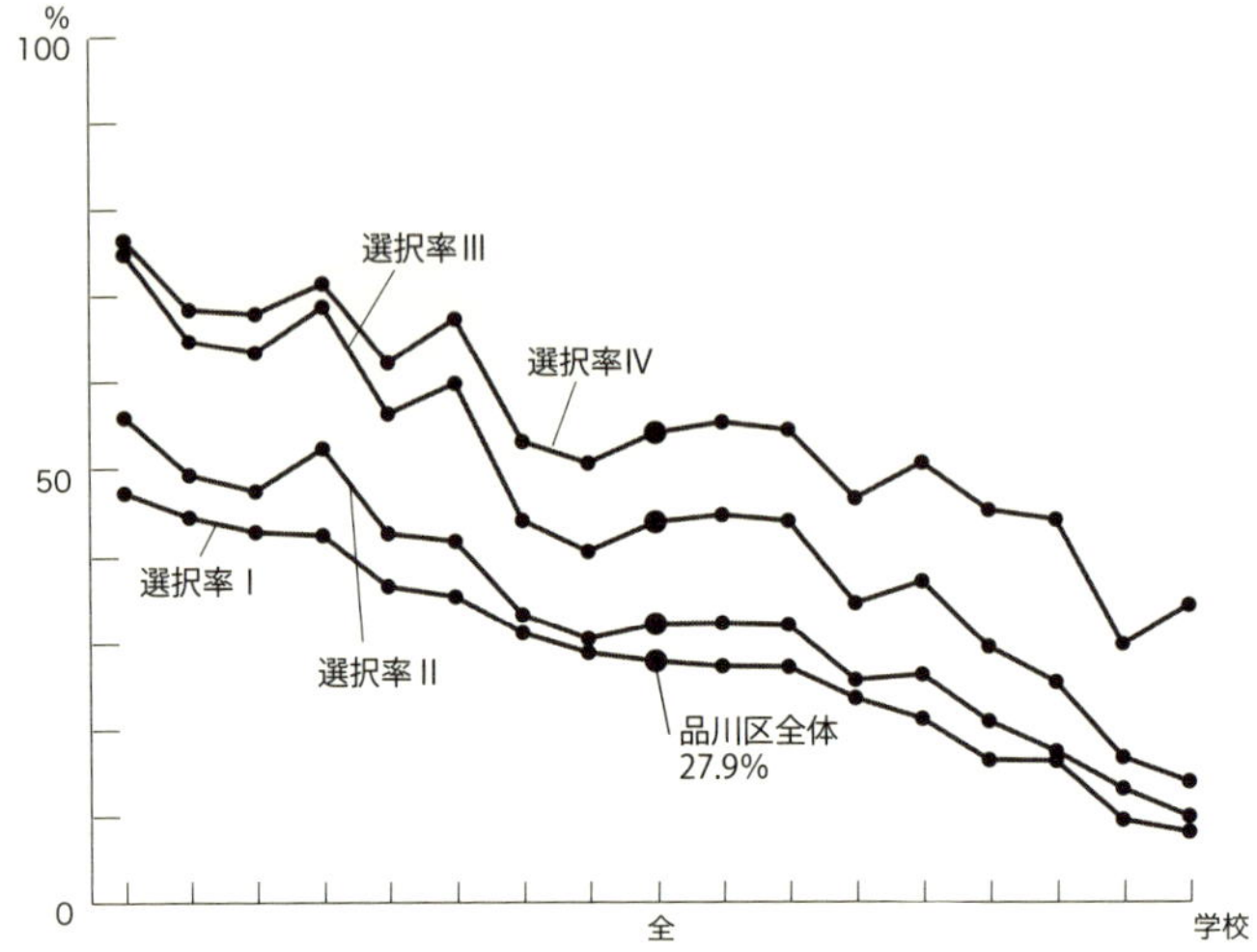

注）横軸に中学16校と品川全体の平均値（全）とを、選択率Ⅰの順に左から並べてある。
以下のグラフも基本的に同じ。

占める学校選択をした生徒（品川の中学全体で五九六人）の割合、二七・九％です。三割弱の学校選択ということです。しかしこの数値は実は上に掲げる中学生の学区外転出率のグラフで示した多様な転出率の中の品川全体の平均値を示したにすぎないのです（図表２―４）。一見して明らかですが、品川の中学の学校選択率については、このグラフ全体を把握しなければ正確な判断ができないのです。ただ単に、この中の一点の数字（品川の中学の希望選択システムによる転出率の平均値）だけを示して、品川の学校選択の実態を把握することはできないのです。

それでは以上を念頭に、学校選択の実態を把握する多様な選択率について、中学校に即して説明しましょう。

選択率Ⅰ――希望申請で転出した生徒数÷その学区の登録者生徒数

その学区の住民登録をしている中学入学該当者数に占める希望申請手続き（注1）をとおして学校選択（転出）を行った生徒の割合です。品川区全体でみると、二一三五人の住民台帳に登録している当該年齢生徒のうち、五九六人が選択を行っており、二七・九％となります。この選択をあとで示す「広義の選択」に対して、「狭義の選択」と呼び、「狭義の選択」に基づく選択率（転出率）を〈選択率Ⅰ〉と呼ぶことにします（注2）。

選択率Ⅱ――広義の選択による転出数÷その学区の登録者生徒数

ところが、公立学校間の移動は実はこの希望選択システムによる「学校選択制度」だけによっているのではないのです。そのほかに、学校の生徒数を変動させる要因としては、「指定校変更」と「区域外就学」というのがあるのです。いじめその他の理由で、教育委員会が認める場合、「指定校変更」（品川区内）や「区域外就学」（品川区外）があるのです（注3）。二〇〇九年度、これによって品川全体で別学区へ「転出」した数は九二人でした。これは学区というものを基本にした進学の仕組みを組み替える機能を持っているという点では、広い意味での学校選択に含めて検討すべき性格を持っているのです。狭義の選択（転出）にこれらを合わせたもの（六八八人）を、「広義の選択」（転出）と呼ぶことにします。品川区全体で、住民台帳に登録されている当該年齢生徒に占めるこの広義の転出選択率は、三二・三％となります。それを〈選択率Ⅱ〉と呼ぶことにします。

選択率Ⅲ――広義の選択による転出者数÷その学区の品川区立中学進学者数

しかし実は、この二つの選択率では、実態をまだ正確に表していないのです。なぜかというと、学校選択がどの割合で行使されているのかは、実は、公立学校進学者の中でどれぐらいの割合で選択が行使されているのかが重要になるからです。品川の中学校進学で、私学・国立中学進学率は、二〇〇九年度で、二六・七％（五七一人）もあります。ということは、品川区全体の数値でいうと、全登録者二一三五人から私立・

国立進学者数を差し引いた公立中学に進む生徒数一五六四人のなかで、広義の選択をした生徒が占める割合が、公立学校選択のより正確な実態を表す数値となるのです。品川全体で計算をしてみると、広義転出者÷公立進学者＝四四・二％となります。これは、公立中学に進学するもののうちどれだけの生徒が選択を行ったかという選択率です。これを〈選択率Ⅲ〉とします。公立学校選択行動は、公立中学進学者の四〜五割の生徒が行っているのが実態なのです。

選択率Ⅳ＝統合選択率——公立選択者と私立・国立進学者を合わせた選択者数÷登録者数

これでもまだ明らかになっていない部分があります。それは、いったいその学区で、登録者のどれだけの割合の生徒が、当該学区の公立学校への進学をしていないかという数字がまだ示されていないのです。その数字は、公立学校についての広義の転出選択者数と私立・国立学校進学者数を合わせた数字をみることで初めて明らかになります。その選択率を〈学校選択率Ⅳ〉＝〈統合選択率〉と呼ぶことにします。品川区の中学では、平均で実に五割から六割に達しているのです。

ただし、重要な補足とお断りをしておかなければならない点があります。それは、品川の中学生の進学や選択に関わって、私立・国立の進学者数が、品川区全体では正確に把握されているのですが、実は、品川区教育委員会の統計では、個別学区内で見た場合、どれだけの生徒が私学や国立に進学したのかの正確な数字は把握されていないのです。学校選択の動向を把握した品川区のデータには、個別学校の欄に私学・国立進学者数が記述されているのですが、それは必ずしもその学区内の登録者の生徒についての数字ではなく、その学区に学校選択で転入を認められたけれども後で私立・国立に合格して進学をした生徒数も含んでいるのです。ということはそういう生徒の学校選択は、品川区の数値表では、公立選択と私立・国立選択とにダブルカウントされているということをも意味しています。そうすると、この数値をそのままに使うと実態とずれてしまうことになってしまいます。

この難点を一定程度修正するために、（注4）で注記したような補正を加えました。したがって、以下で使用する学区毎の私立・国立進学者数・率、地元生徒数・率、それらの数値に基づいて計算したいくつかの数値については、あくまで一定の予想に基づいて計算した近似値であることをご了解ください。なお、そういう一定の補正に基づいて計算した数値については、巻末の資料1、資料3では、イタリック体で表示しています。

選択率Ｖ＝狭義転入率――狭義の転入者÷登録者数

今までの選択率は、すべて転出率でした。転出率には私立・国立への学校選択もまた転出であるということから、それらを含んで学校選択の全体状況を示すことができるという特徴があります。しかし実はこれでは「選ばれない学校」の実態は明確になりますが、逆に「選ばれる学校」の様子はあまりわかりません。図表2―4では、右の方に位置する学校は、全体としては学校選択の影響をあまり受けていないかのように見えてしまいます。しかしこれらの学校は全体としては「選ばれる学校」に属しており、そういう「選ばれる学校」についての学校選択の様子は、どれくらいの生徒が転入してきたのかという数値に大きく反映します。そういう点では、選択による転入率を見ることが必要です。図表2―5をまず示しておきます。

選択率Ｖは、狭義の転入者の登録者数に対する割合です。そのグラフの品川全体の値が、教育委員会が公表している選択率である二七・六％となっています。**選択率Ⅵ**は、広義の転入者の登録者に対する割合です。**選択率Ⅶ**は、広義の転入者数の入学者数に占める割合を示すものです。〈選択率Ⅶ〉をみると、品川の中学一六校のうち一〇校が、入学者の四割以上が広義選択による転入者で占められているという状況がわかりま

図表2−5　学校選択による転入率（中学校）
――2009年度学校毎の中学選択による転入率（3種類）の比較――

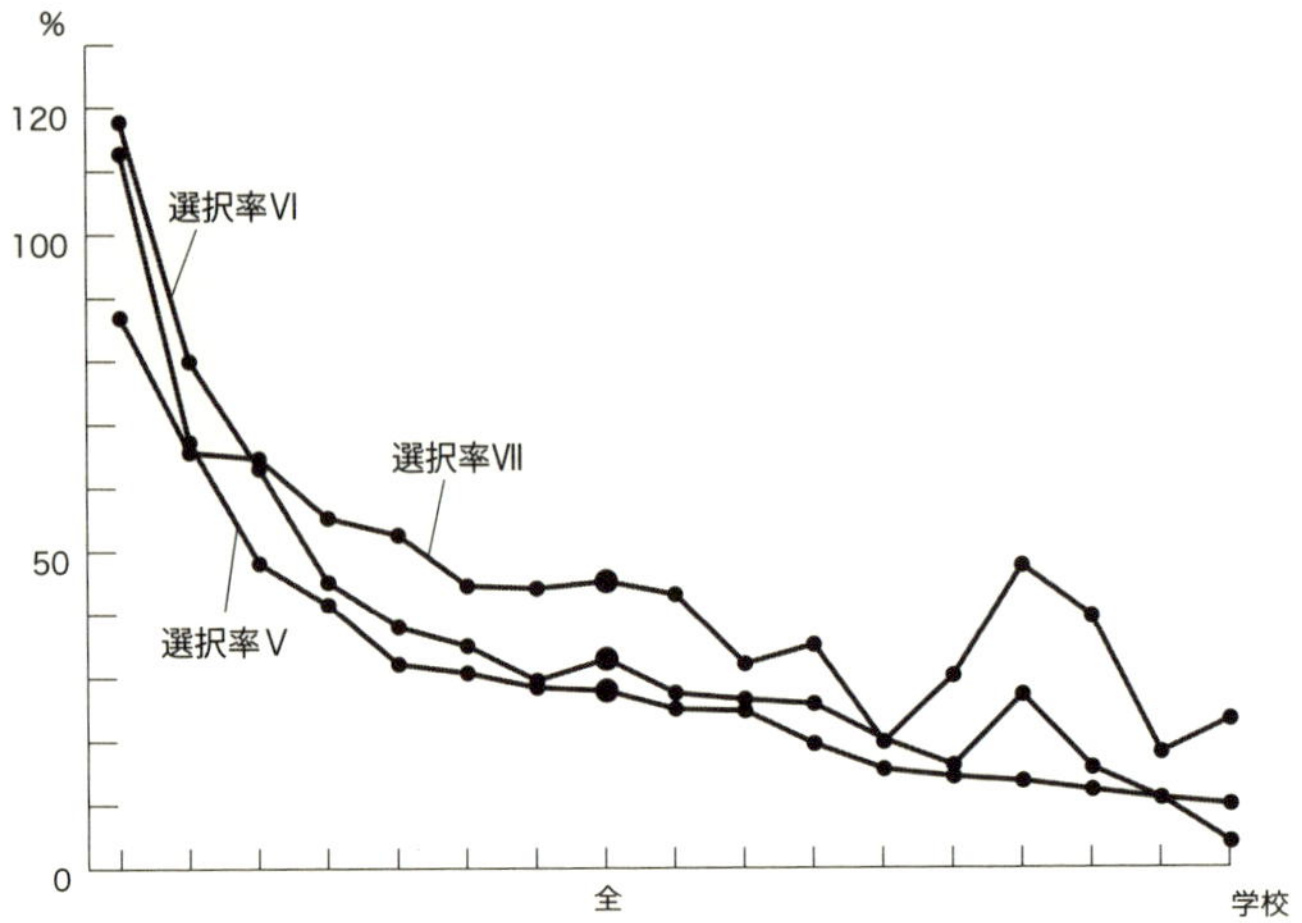

す（注5）。

その他の選択に関する率

学校選択の状態を明らかにするためにさらに次のような数値を出して検討しました。

選択率Ⅷ　入学者÷登録者数――地元の入学該当年齢の住民登録者数に対する実際入学者数の割合。ある意味でこの数値は、「選ばれる学校」と「選ばれない学校」とを直接に区分、明示する数値といってもよいでしょう（図表2―6）。この数値は補正の必要がない、品川区の発表している数値から直接導き出されるものです。

地元残留率　地元生徒数÷登録者数――各学区について、その学区の地元生徒（住民登録している該当年齢生徒）が、どれだけその地元の公立学校に進学しているか、すなわち地元の公立中学に残留しているかという数値です。その地域と学校との結びつき度を示す数値でもあります。地域に根ざす学校とは、この地元残留率の高い学校でもあると考えることができるでしょう。

地元生徒率　地元生徒数÷入学者数――各学校について、その学校の入学生のうち、地元生徒がどれだけの割

図表２−６　選択率Ⅷ（2009 年度、中学校）

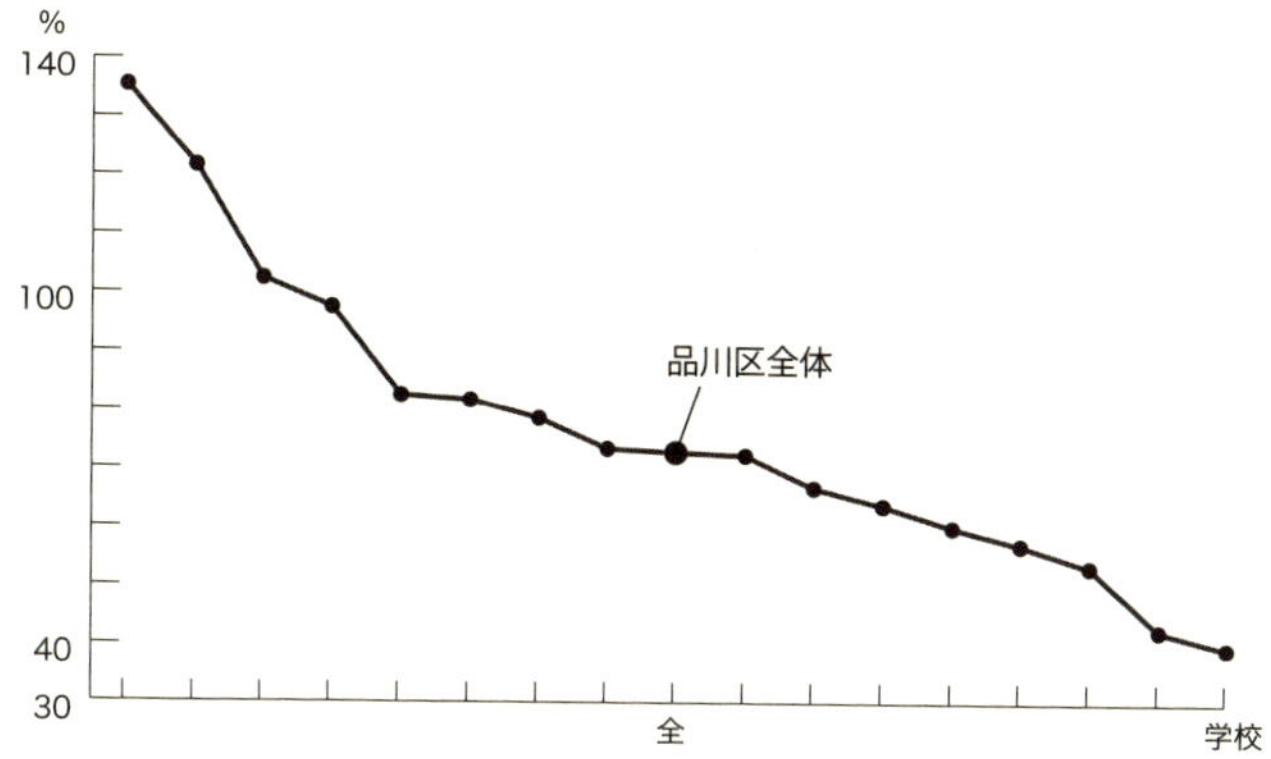

合を占めているかという数値です。たとえ「選ばれる学校」であっても、そのなかで地元生徒の率が非常に低い学校であるならば、それは地元の学校とはいえません。そういう様相を把握するための数値です。この数値は計算によって求めた予想値です。

選択による移動率①、選択による移動率②——一〇〜一一年間にわたる学校選択（狭義選択）によってどれくらいの生徒が転出、あるいは転入したかという長期の動向を表す数値です。ほかの選択率は全て二〇〇九年度の選択に関する数値ですが、一〇〜一一年間に及ぶ選択行動の全体性格を表す数値です。

これらの数値についての一定の説明や留意点はその数値を利用して分析するときに述べることにします。

小学校の学校選択（転出）の三つの選択率

小学校の転出数に基づく選択率を見ておきましょう。

品川区全体で見ると、

〈選択率Ⅰ〉＝狭義選択率（転出）——二八・八％（二〇一〇年度二八・八％）

〈選択率Ⅱ〉＝広義選択率（転出）——三六・四％（二〇一〇年度三五・三％）

〈選択率Ⅳ〉＝統合選択率（転出）——四一・五％（二〇一

図表2−7　転出でみた小学校の選択率
——2009年度小学校学校選択（転出）の３つの選択率——

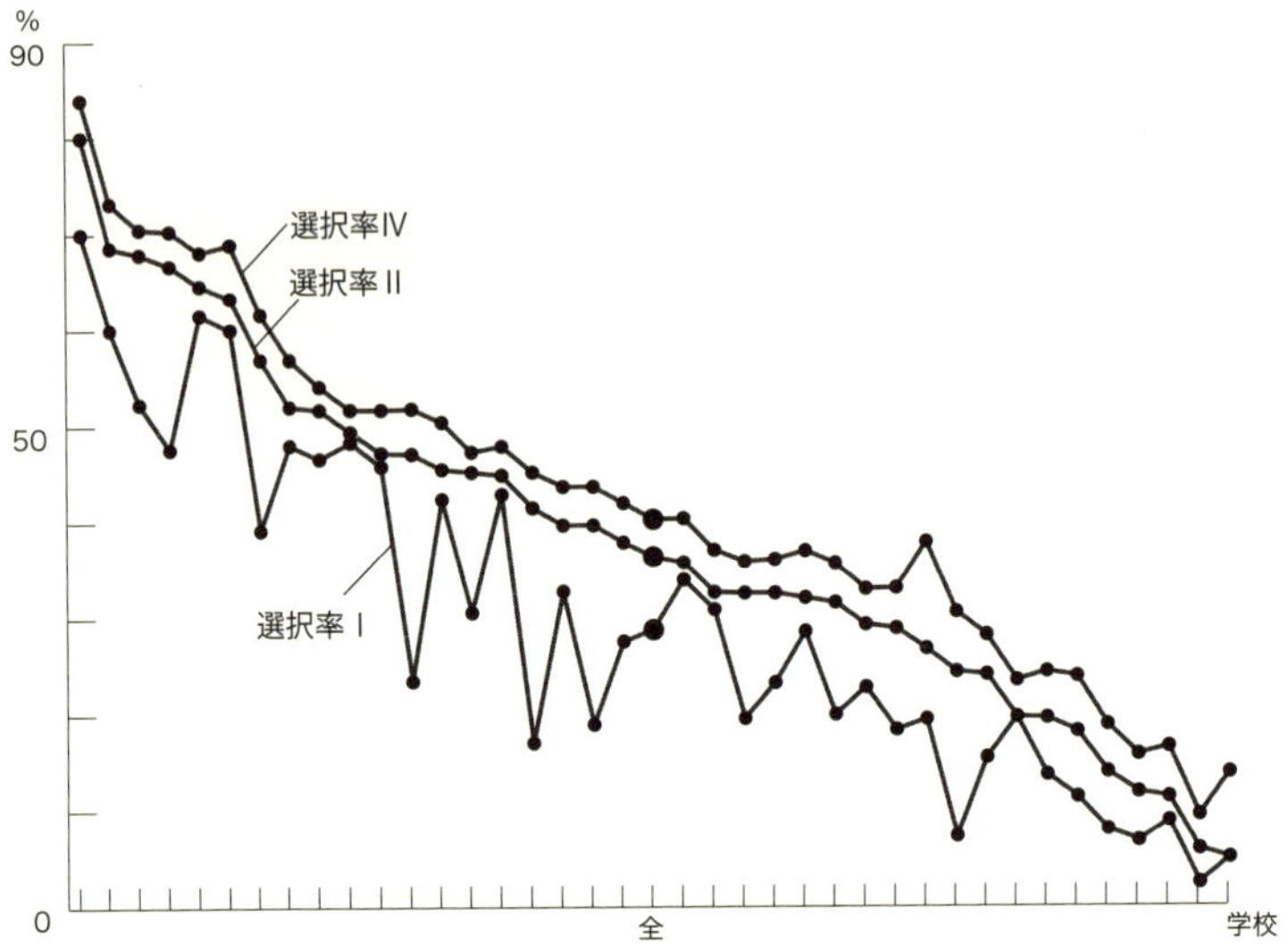

〇年度四三・九％）となっています。（統合選択率は、私立・国立進学者と公立選択（転出）の合計）

中学では転出の広義選択率〈選択率Ⅱ〉と狭義選択率〈選択率Ⅰ〉に大きな差はありませんでしたが、小学校ではその差がでこぼこになっています。その直接の理由は、指定校変更の割合が高く、学校毎に差があるためです。そのため、小学校では〈選択率Ⅱ〉を基準にして学校を並べました（図表2—7）。数値の補正等については、中学と同じ扱いをしています。少し補足を含んで、傾向を見ておきましょう。

(1)　品川区全体の平均で、広義の公立学校選択（転出）は、三六・四％であり、統合選択率は、四一・五％となっています。すでに小学校段階で、四割以上が、自分の住んでいる学区から出て行っていることがわかります。

(2)　私立・国立進学（選択）率は、二〇〇九年度は五％です。しかし私立・国立小進学が二〇一〇年度は急増して八・六％になりました。小学校としては、大変高い値だと思われます。

(3)　品川の小学校は全部で三八校あります（二〇〇九年度）。学校選択率が学校によって非常に大きく異なっていることが明瞭に読み取れます。八割以上の生徒が転出している学校もあることがわかります。中学と比べると選択率の平均値は低いのですが、個別学校の隔たり、格差という点では、むしろ小学校の方が大きくなっています。学校選択が、非常に大きな影響を及ぼし、時には廃校に追い込むこともあり得ることをここからも伺うことができます。

3　「選ばれる学校」と「選ばれない学校」の分離

次に、これらの数値に基づいて、学校選択制度がどういう結果をもたらしているのかを検討していきましょう。最初に、学校選択による入学生徒数の増減の変化を学校毎に見てみましょう。まず中学について、学校選択が始まった二〇〇一年から二〇一〇年の変化に関して、右側に、学校選択によって入学者数が減少する傾向が強いものから七校の折れ線グラフをおき、左側に増加傾向が強いものから七校の折れ線グラフを並べてみました（図表2―8）。次に、小学校に関する同じ数値変化について、減少傾向の強い一〇校と増加傾向の強い一〇校の二〇〇〇年から二〇一〇年の変化を示しました（図表2―9）。巻末の資料1、資料3を見るとわかりますが、小学校、中学校とも全体の八割程度の学校が、明確に「選ばれる学校」と「選ばれない学校」に区分されています。グラフでは、簡略化して、その一部分をとって示しました。

ここでいう入学者数の増加、および減少という意味は、狭義の選択による転入者から狭義の選択による転出者数を引いた値――希望申請制度に基づく転入と転出を相殺した数を意味します――が、プラスの場合は「増加」、マイナスの場合は「減少」と見なしています。グラフからは、品川の公立学校が「選ばれる学校」

図表2-8　「選ばれる学校」と「選ばれない学校」（中学校）

中学・選択による入学数の増減数
2001 — 2010 年（増加傾向 7 校）

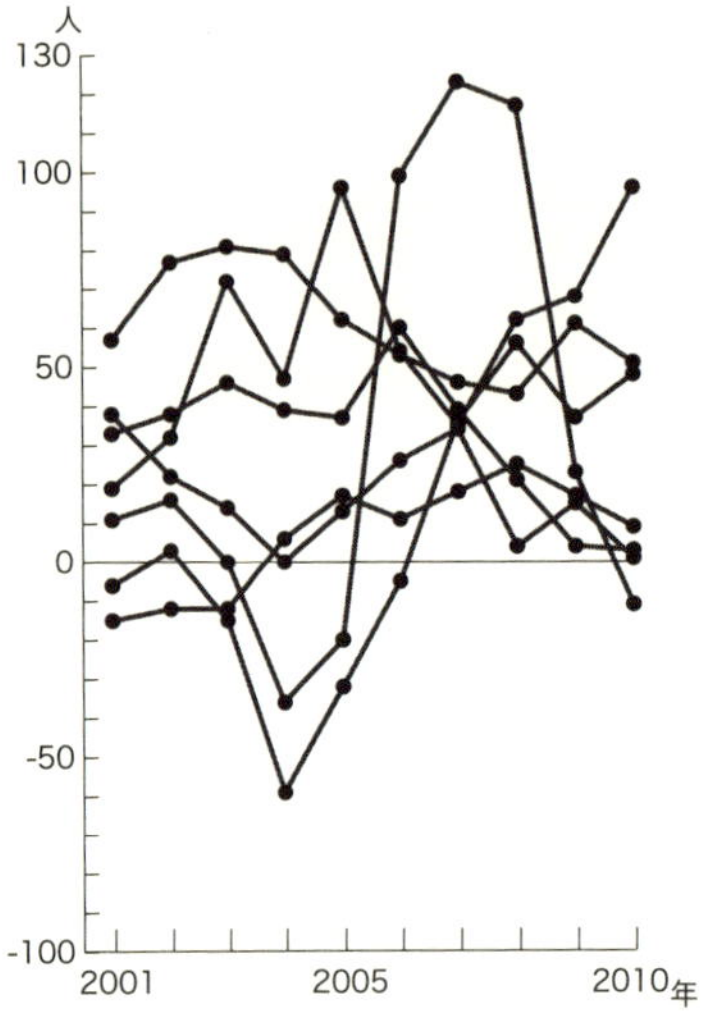

中学・選択による入学数の増減数
2001 — 2010 年（減少傾向 7 校。2 校は途中で統廃合）

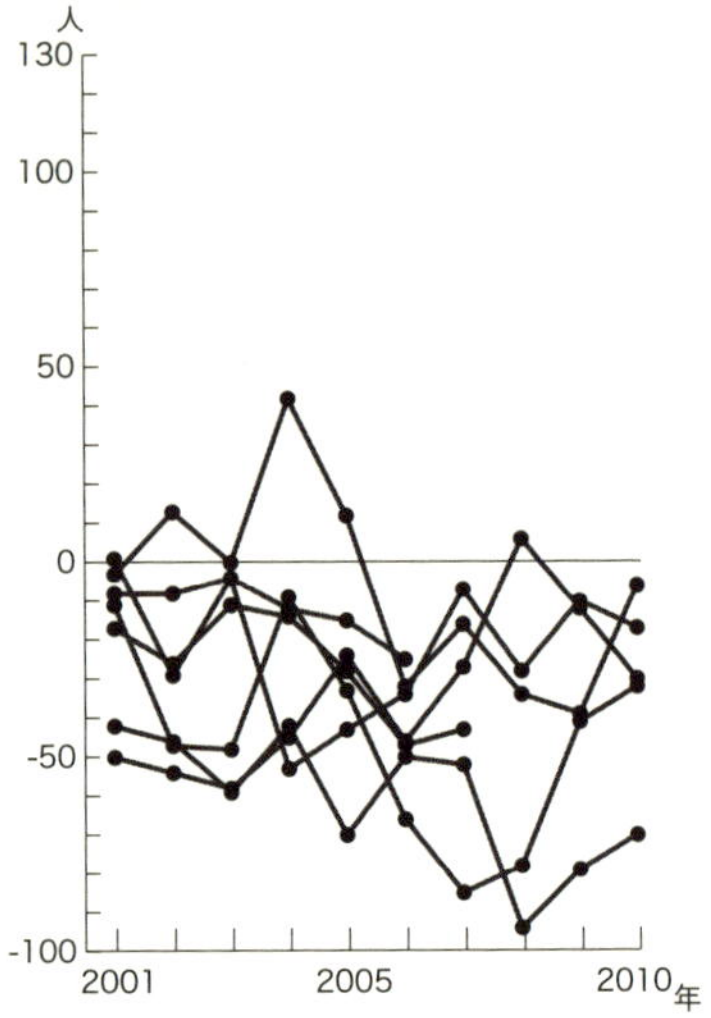

図表2-9　「選ばれる学校」と「選ばれない学校」（小学校）

小学・学校選択による入学数増減数
2000 — 2010 年（増加傾向 10 校）

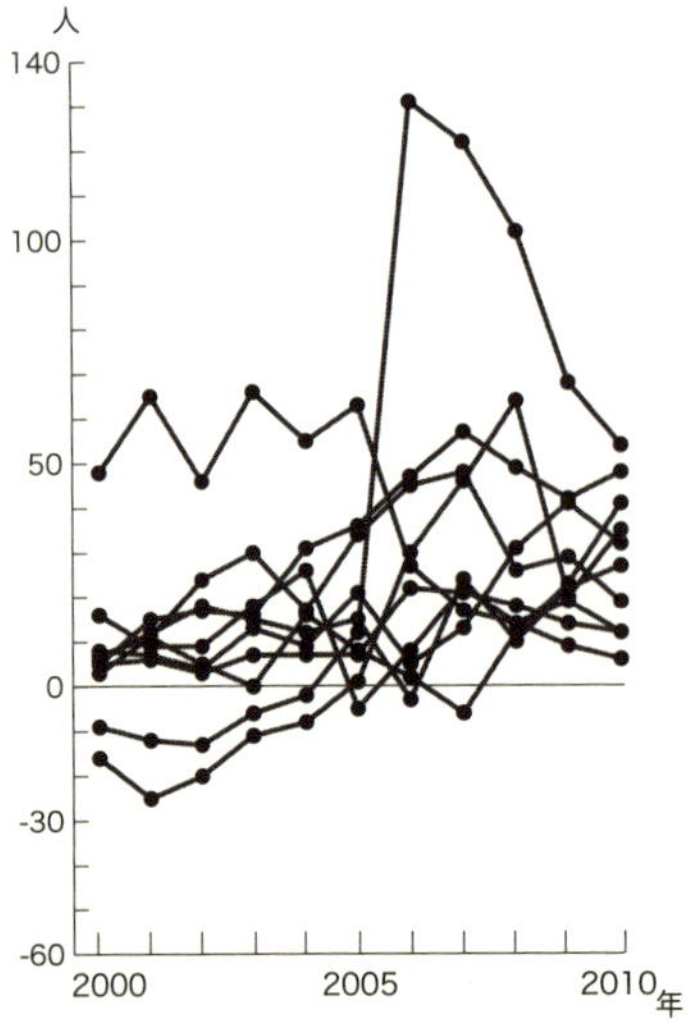

小学・学校選択による入学数増減数
2000 — 2010 年（減少傾向 10 校。2 校は途中で統廃合）

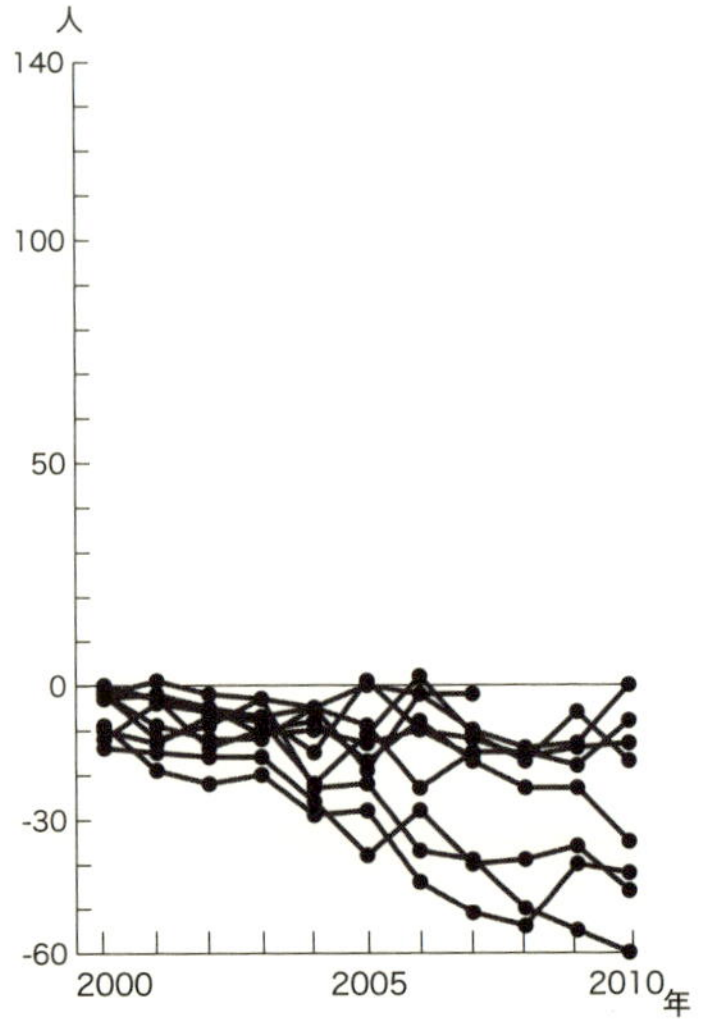

図表２－10　10年間での学校選択による生徒の移動状況（中学校）
――中学選択（2001―2010年）による入学者数増減数をもとにした２つの移動率――

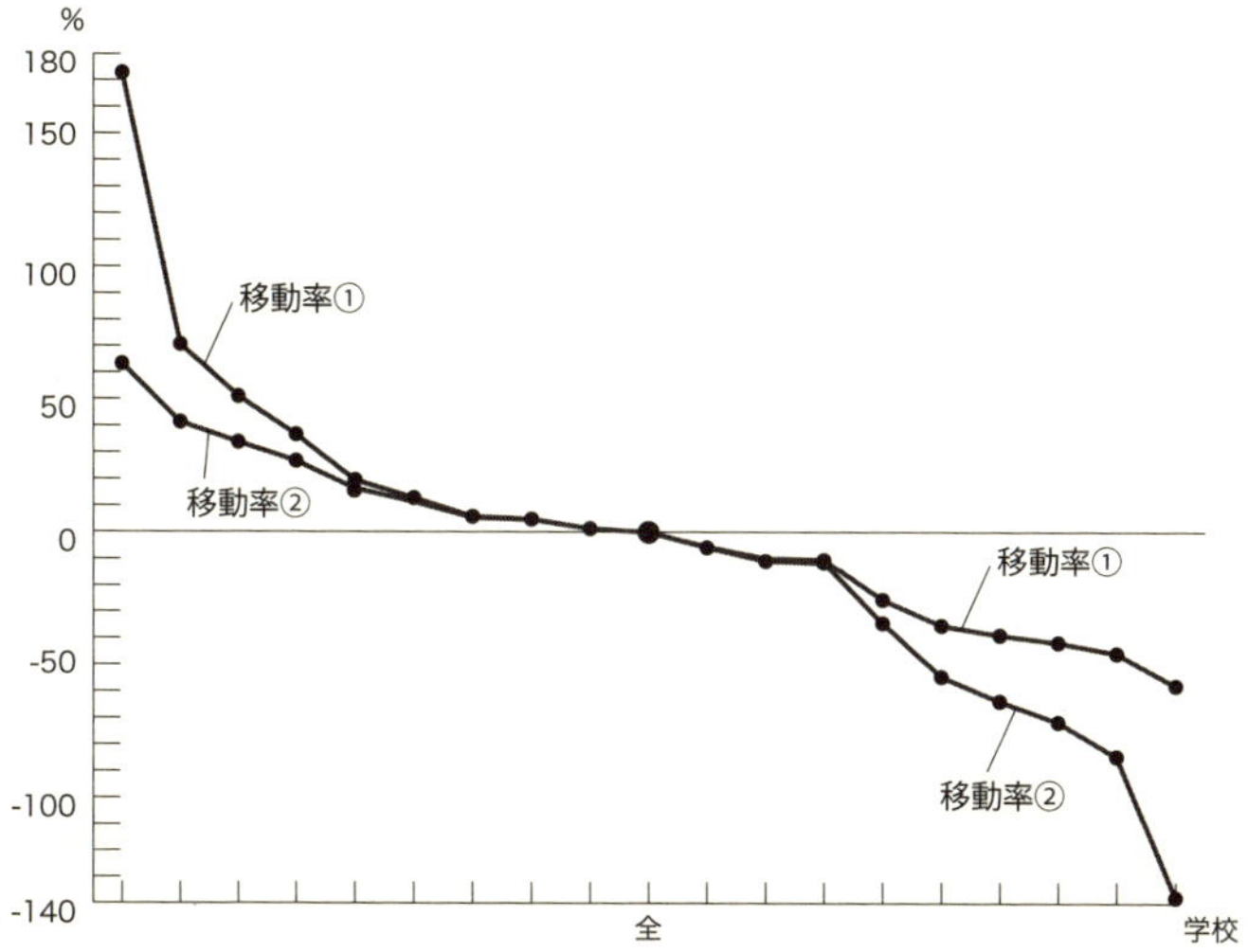

と「選ばれない学校」に明瞭に区分されていることが読み取れます。

次に「中学選択による入学者増減数を元にした二つの移動率」のグラフを示しておきます。

図表２―10は、学校選択が始まった二〇〇一年から二〇一〇年までの間に、学校選択制度によって行使された狭義の「転出」と「転入」の差を学校毎に合計した数値を、その学校のこの期間の入学者総数で割ったもの（選択による移動率①）と、同じ合計数を、希望選択制度（狭義の選択）がなければその学校にきたであろうと予想される入学者数の合計（計算方法は、実際の入学者数総数から増減数の合計を引いたもの）で割ったもの（選択による移動率②）をグラフにしたものです。そうすると、学校選択が始まってからの一〇年間で、総入学者数の四割以上の人数が転入するか、あるいは転出していった学校が七校もあります。また学校選択制度（希望選択制度）がなければその学校にきたと予想される入学者数に対して、四割以上の人数が出ていったり入ったりした学校が六校ありますし、二倍弱の生徒が増えている中学もあります。小学校の

場合はグラフは省略しますが、〈移動率①〉で見ると、入学者数の四割以上に当たる生徒数が転出ないし転入している小学校が九校あります。〈移動率②〉で見ると、四割を超える生徒が転出ないし転入している学校が一〇校あり、もっとも転入が多い小学校では、選択がない場合の入学者予想数に対して、四倍を超える生徒が増えている状況があることがわかります。

これらは一〇〜一一年間の平均（あるいは合計）の動向ですから、ほとんどの学校が、ほぼ一貫して相当幅の「増加」か、あるいは「減少」を一方的に重ねていると見ることができるでしょう。「選ばれる学校」と「選ばれない学校」が明確に区分され、格差が広がっているのです。そういう数値は、当初品川の教育委員会が述べていたような「選ばれない学校」が「選ばれる学校に転化する」学校支援策がほとんど機能していないことを示しているのではないでしょうか。そして、もはや学校が地元にある学校として機能することが非常にむずかしくなりつつあることを示しているというべきではないでしょうか。

4　入学生徒数の激変と学校計画の見通しの不安定性

次に、実際の入学者数がどういう風に変化しているのかを、中学について見てみました。図表2―11と今までに示したグラフを合わせてみてみると、いくつかのことが見えてきます。

(1)　学校選択開始（二〇〇一年）とともに格差が開いています。特に、学校選択制が開始されて六年間（〇一―〇六年）は、入学者が絶えず増加する学校と絶えず減少する学校とが、はっきり分化していく様子がうかがえます。

(2)　二〇〇六年（初めての小中一貫校開設年）よりさらにいちだんと格差が開いていますが、小中一貫校による学校の統廃合で、底辺部分が切り捨てられる形で、展開しています（八潮南中が八潮中に統合、荏原

図表2－11　毎年激変する入学者数（中学校）
——中学校の入学者数の変化（1996—2010年）——
（1996年は18校、途中で2校統廃合されている）

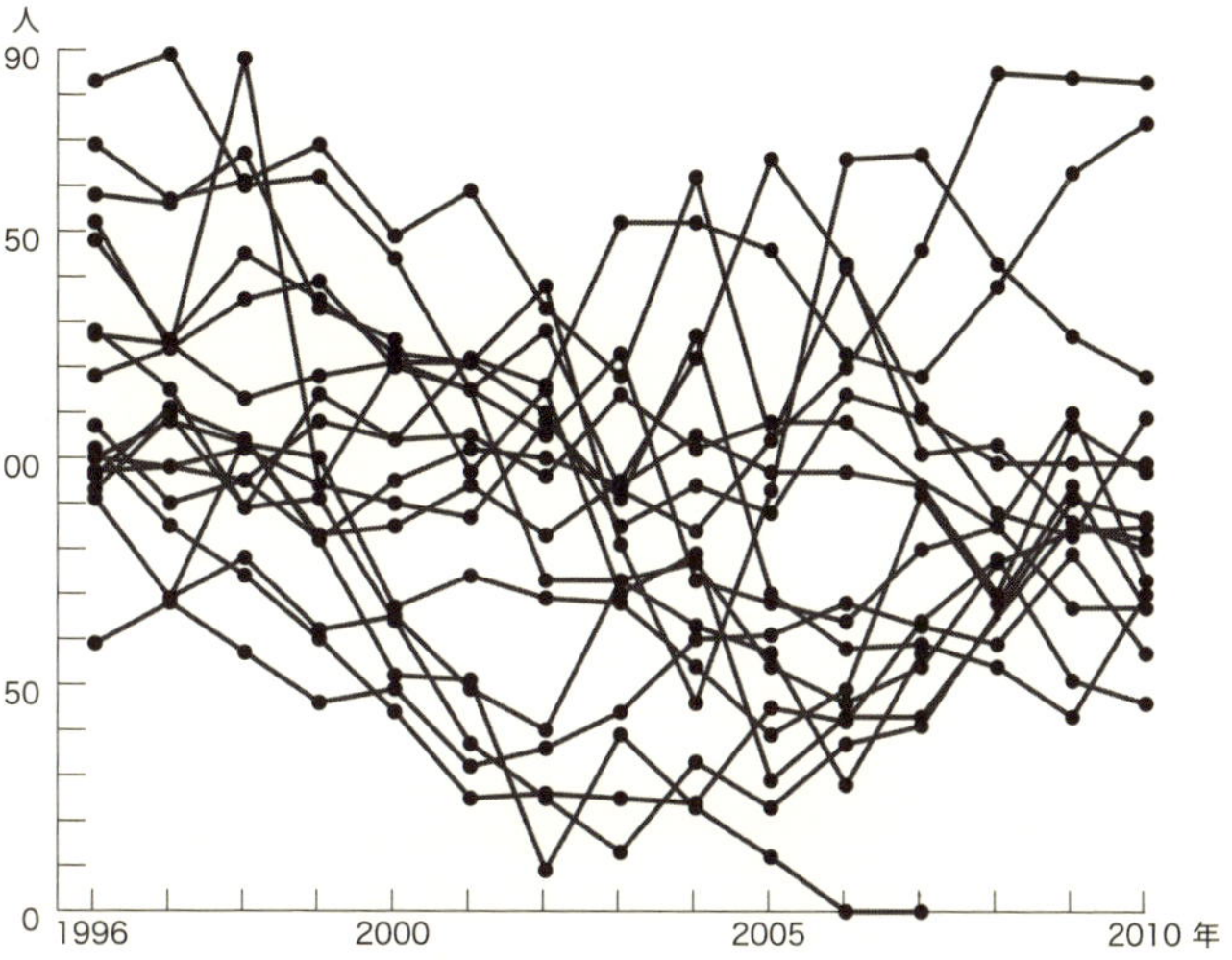

図表2－12　入学者数でみる「選ばれる学校」と「選ばれない学校」（小学校）

小学・学校選択による入学数変化
1996—2010年（増加傾向12校）

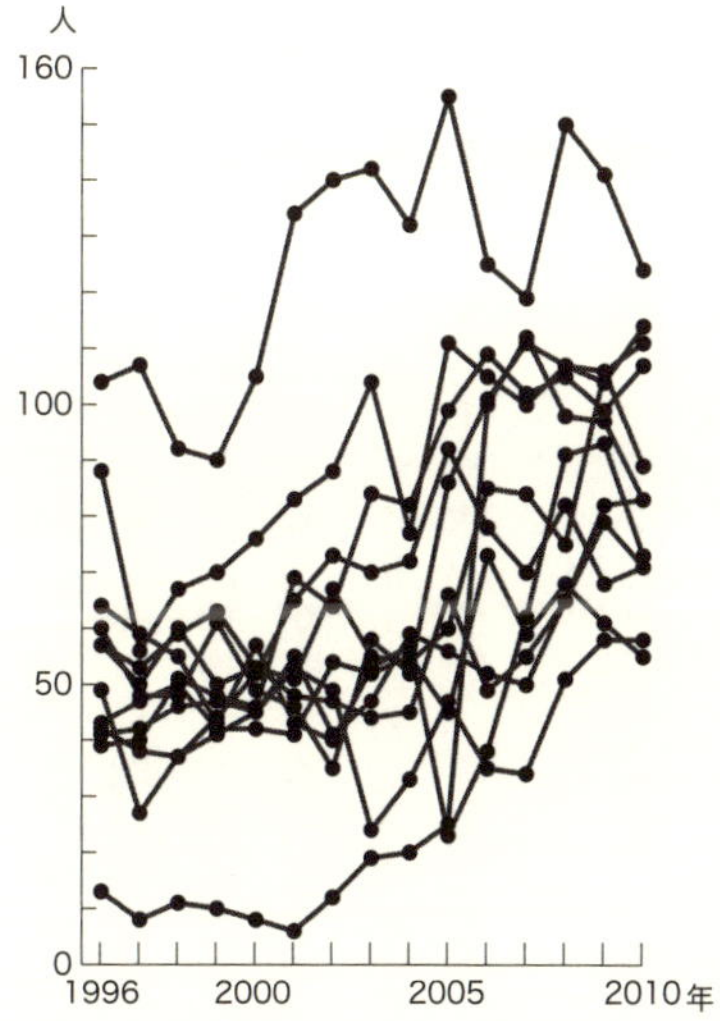

小学・学校選択による入学数変化
1996—2010年（減少傾向12校。途中で2校統廃合）

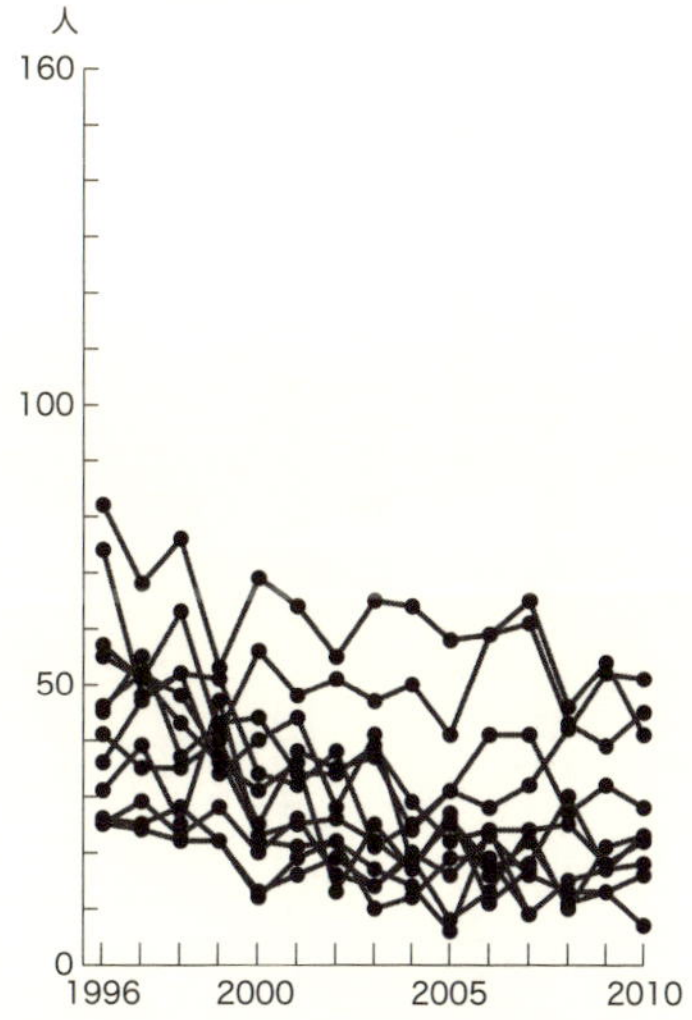

二中が平塚中と統合して、それらの中学の生徒数が上がっている）。

⑶　もう一つは、学校選択が始まって以来、多くの学校で、前年生徒数に比べて、三〇～四〇人にも及ぶ大幅な入学生徒数の増減が繰り返されているということがわかります。各学校毎の入学生徒数平均がおよそ八〇～九〇名程度ですから、この変動幅は大変大きく、しかも増えるのか減るのかの方向性自体が揺れ動いていますので、入学生徒数の予想幅は、さらに拡大せざるをえません。加えて人数の確定が四月直前までできず、教員配置数も最終的にはぎりぎりまで決まらず、学校経営上も大きな不安定性を抱えざるをえないでしょう。さらに最終的な生徒数が前学年の生徒数と大幅に違い、クラス数も変動する状況では、そもそも安定した学校運営そのものが困難になっていくのではないでしょうか。

小学校については、入学生徒数の増加傾向の学校一二校と、減少傾向の学校一二校を分けて図表2―12に示しました。選ばれる学校と選ばれない学校とが固定化し、しかもその差が年々開いていることが一目瞭然というべきでしょう。

5　地域と学校との切断

次に二〇〇九年度の中学と小学校の地元残留率と地元生徒率を見てみましょう（図表2―13、図表2―14）（注6）。

地元残留率では、品川全体で、中学は約四割（三九・三％）、小学校は五割強（五二・九％）という数値が得られます。実に地元生徒の六割（中学）、五割（小学校）が、何らかの理由で、地元から転出して行っているという状況が読み取れます。

図表2―15、図表2―16は、中学校と小学校について、選択率Ⅷ（登録者数に対してどれだけの割合の入

図表2－13　地元生徒残留率（中学校）
——2009年度・住民登録した学区の公立中学校に進学したものの割合——

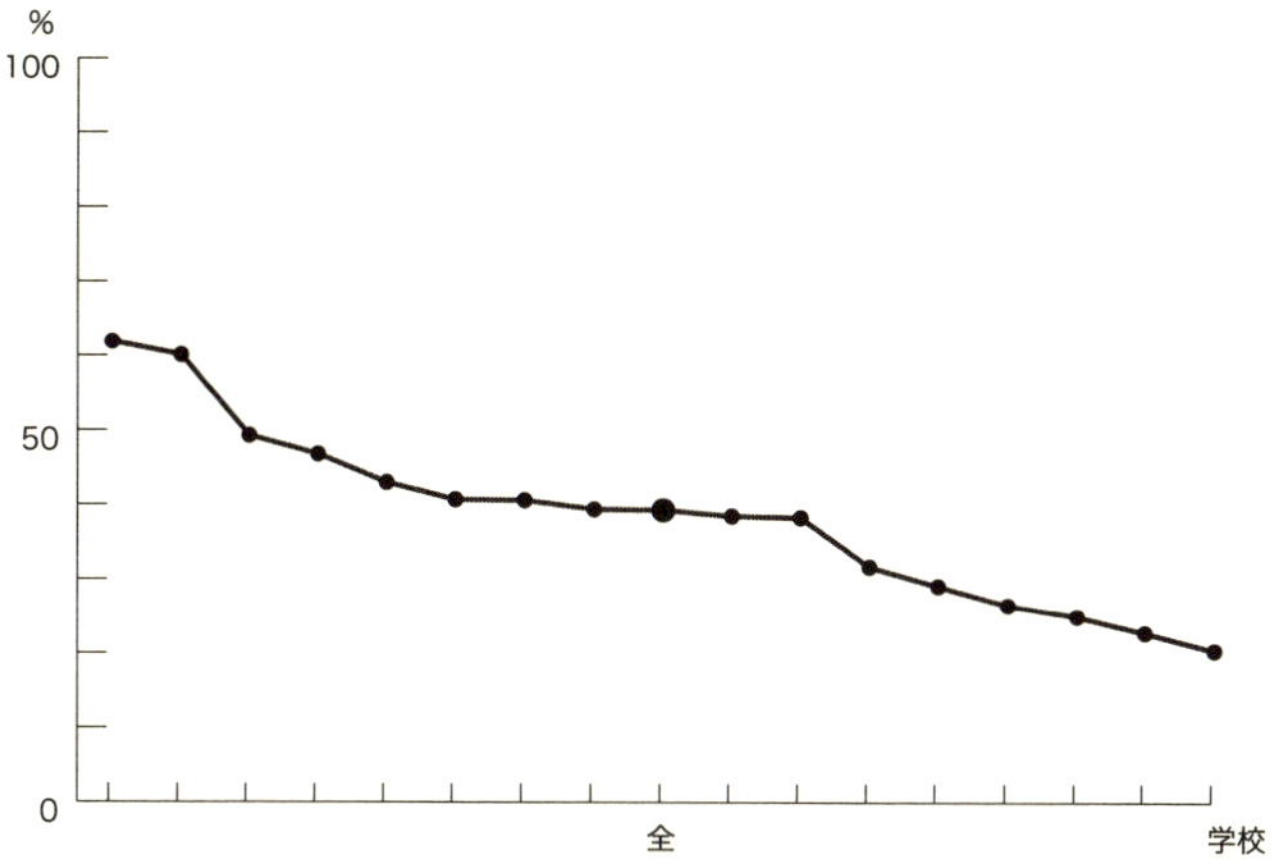

図表2－14　地元生徒残留率（小学校）
——2009年度・住民登録した学区の公立小学校に進学したものの割合——

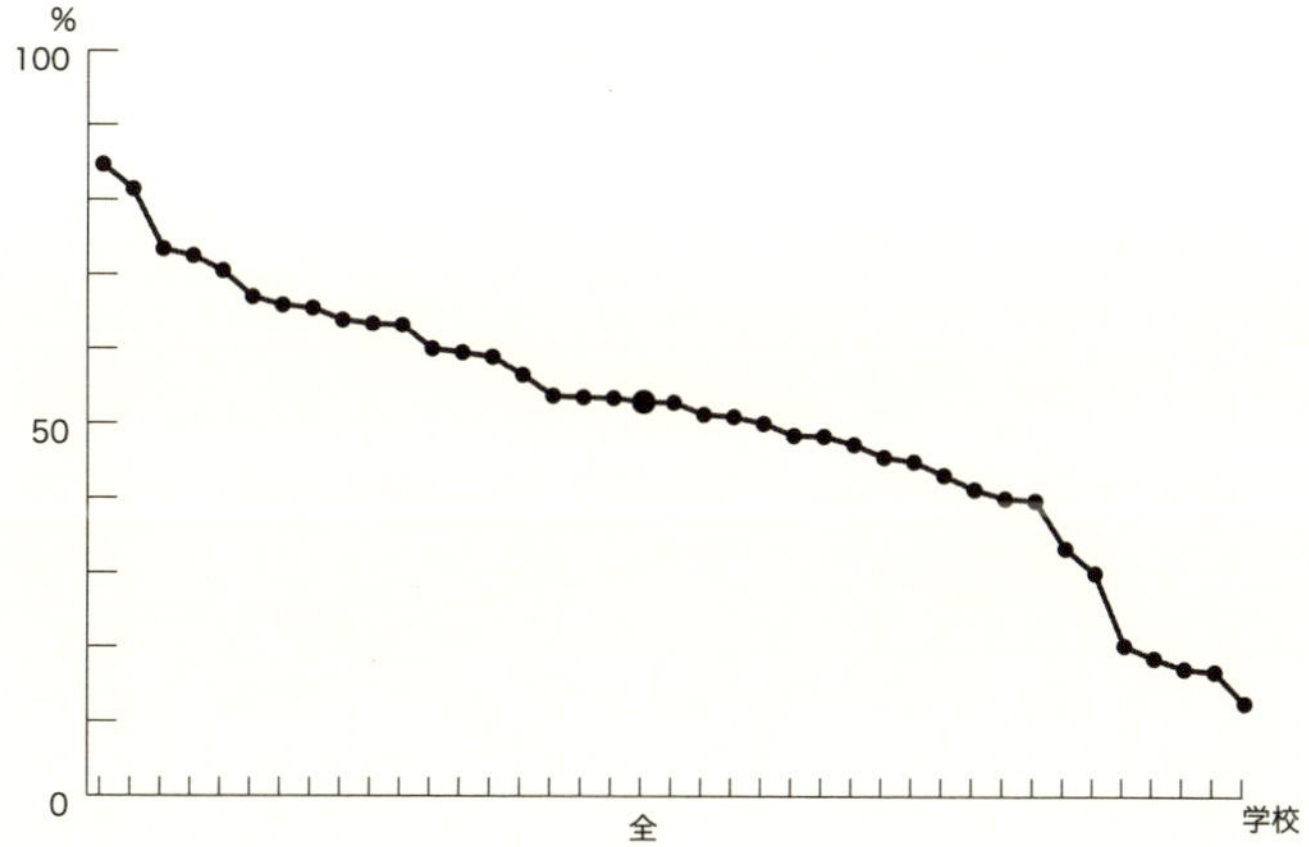

図表2－15 「地元の学校」ではなくなる中学校
——2009年度・中学・選択率Ⅷと地元生徒率の関係——

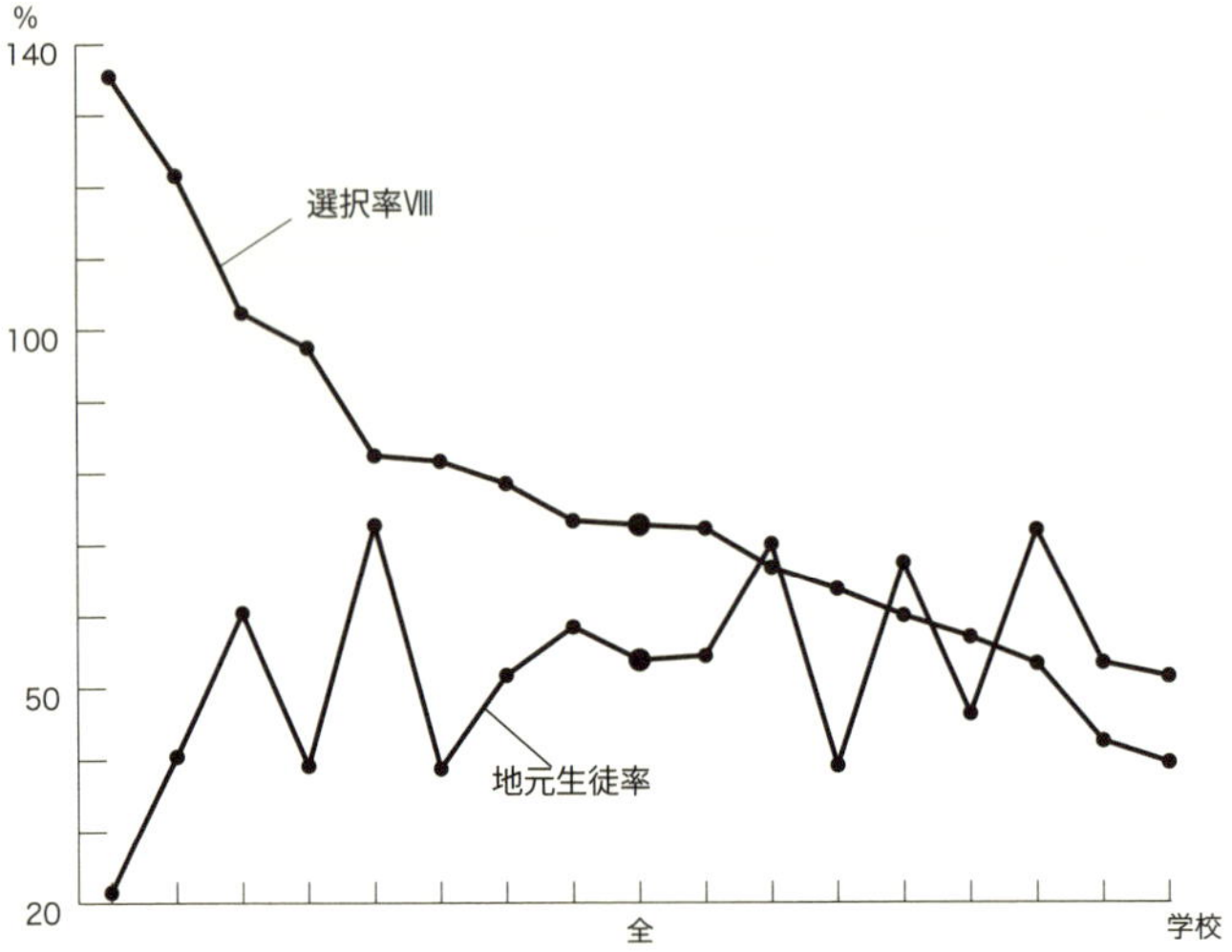

図表2－16 「地元の学校」ではなくなる小学校
——2009年度・小学校・選択率Ⅷと地元生徒率の関係——

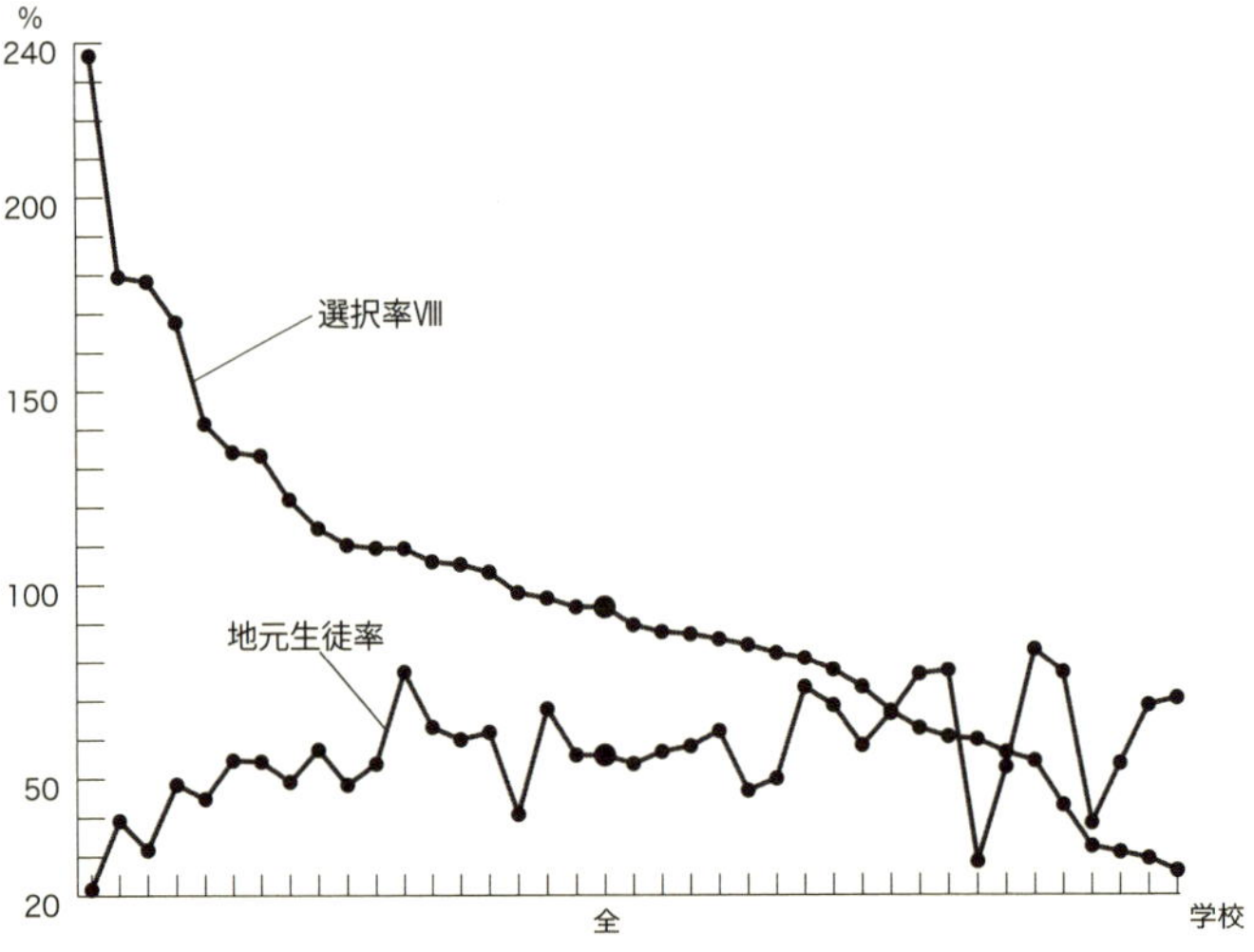

学者があったか）の高いものから順番に学校を並べたグラフです。いわば「選ばれる学校」順に左から並べたものです。そしてそれに各学校の、地元生徒率を対応させたものです。そうすると、選ばれる学校が、必ずしも地域の学校として機能してはいないことがよく見えてきます。品川区でもっとも「選ばれる学校」であるT中学は、地元生徒率が二割程度（二一・五％）で、最も低い学校であることがわかります。いっぱい生徒が集まってくる学校が、実は地元生徒率が一番低い学校であるというような現象も起きているのです。中学で「選ばれる学校」の順位で二、四、六位にある学校も、地元生徒率は四割以下であることがわかります。「選ばれる学校」が地元にあっても、その学校は「地元の学校」ではなくなっているということが広く進行しているのです。小学校でも同じような傾向が伺われます（注7）。

さらに図表2―17、図表2―18を見てください。このグラフは、小学校と中学校について、入学生徒数の多い順に左から並べてあります。それと合わせて地元に住民登録をしている入学該当年齢生徒数を示しています。そうすると、学校の生徒数と登録者数とが、大幅にずれている学校が多いことがわかります。

生徒数が少ないので、少子化の影響で、この地域には入学該当年齢の生徒が減ってしまったのだとついつい思いがちですが、今品川の生徒数はむしろ微増傾向にあり、ピークは二〇一五～二〇年頃なのです。学校選択によるいわば攪乱と高い私学・国立進学率とによって、多くの学校で入学生徒数減少という事態が生まれてしまっているのです。そしておそらく地元住民すら、そのことを知らされず、地元の学校の生徒が減っていくのをいわば自然現象として受け止め、入学生徒数が極度に減少して閉校や統合となっても、仕方のないこととして受け止めるというような意識状況へと追いやられているのではないかと思われるのです。

図表2-17　入学者数と地元登録者数のずれ（2009年度、中学校）

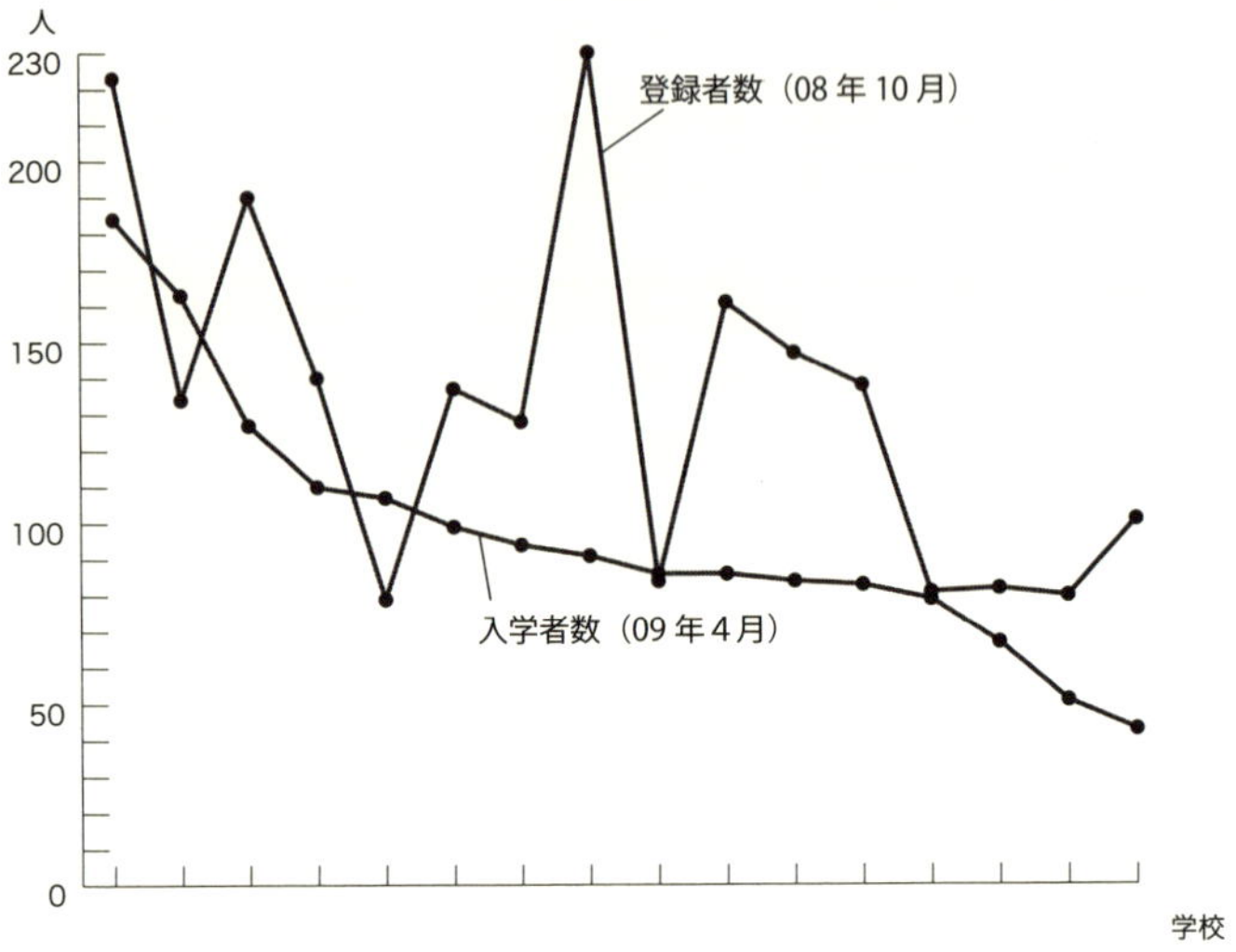

図表2-18　入学者数と地元登録者数のずれ（2009年度、小学校）

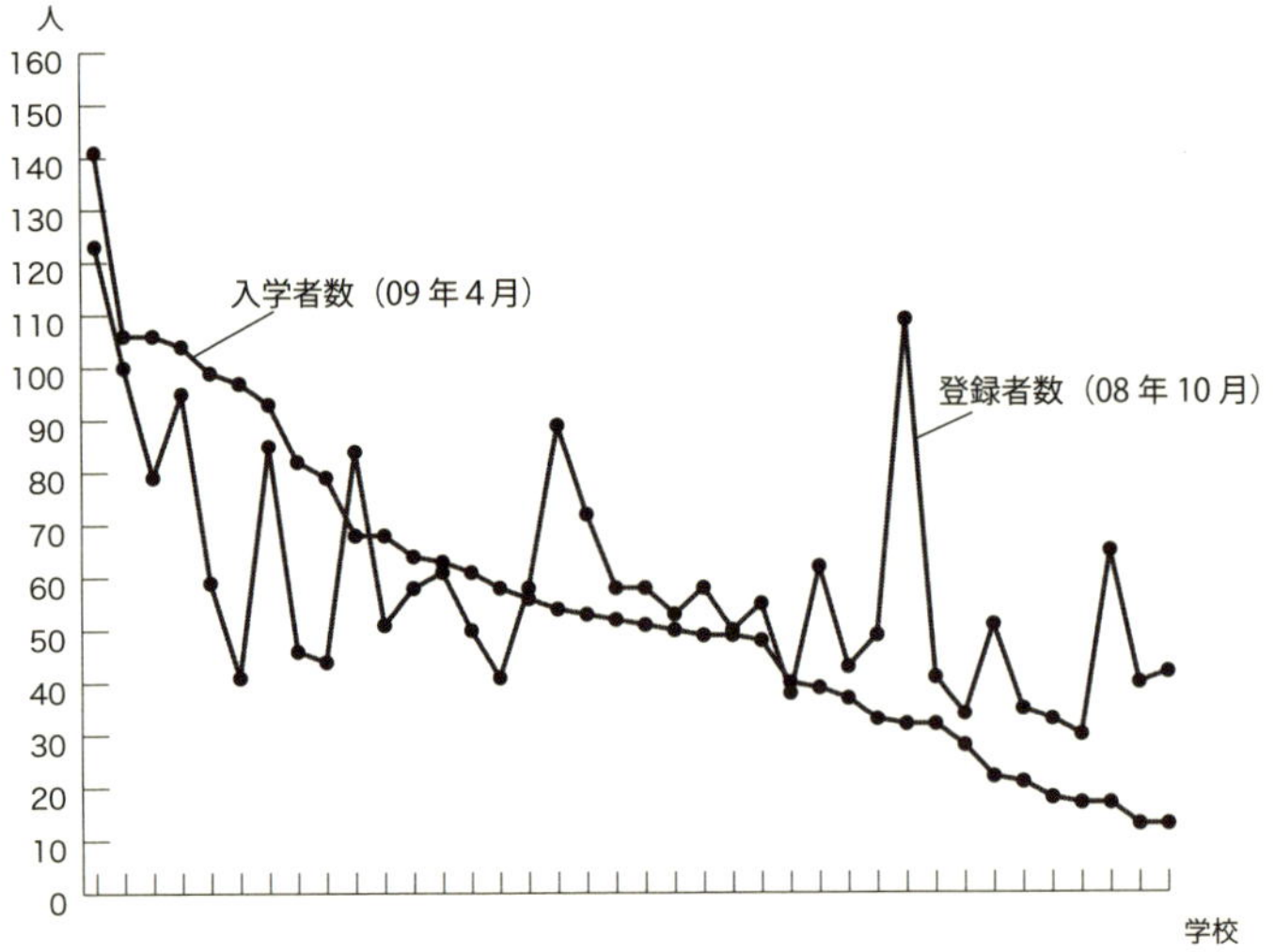

6　事実に基づく品川区の学校選択制度の批判的検討を

以上で、この一〇年間にわたる品川区の学校選択制度が、品川区の小学校、中学校教育にどんな影響をもたらしてきたのかについての一定の数値的なデータについての分析と若干のコメントを終わります。最後に、品川の学校選択制度を今日の時点でどう評価、分析すべきかの視点を提示しておきましょう。

品川区は、学校選択制度を通じて、非常に「ダイナミック」な公教育構造の組み替えをこの一〇年間に進めてきたということがわかります。おそらくこの構造変化は、学校選択制を積極的に導入した品川区や若月教育長の思惑をも超えるものとして展開しているというべきかもしれません。しかし今までこの構造的変化は、きちんとした分析が行われていなかったためもあって、見過ごされてしまっていたのかもしれません。そして、「選ばれない学校」を作り出し、学校統廃合に根拠を与える教育行政にとっては大変都合のよい制度として推進されてきたのかもしれません。しかし一〇年を経過して、今こそ、この品川の学校選択制度が、どういう結果をもたらしているのかを明らかにし、何が起こっているのかを区民に公開し、それでもこのような学校選択制を今のままで続けていってよいのかどうかを問うべき時点にあると言わなければなりません。

品川の学校教育に構造的変化をもたらした学校選択制

では、品川の学校選択制度は、品川の公教育（小学校、中学校教育）にどういう構造的変容をもたらしているということができるのでしょうか。その変容の様相を次の点で指摘することができます。

第一に、地域に住民登録している生徒数に大きな変化がないにもかかわらず、学校選択制が、「選ばれる学校」と「選ばれない学校」とに学校を区分し、いったんそのどちらかになると、その格差が多くの場合継い込まれる事態を引き起こしています。

続し、むしろ拡大するような力学を与えてしまい、その結果、「選ばれない学校」は、閉校や廃校にすら追い込まれる事態を引き起こしています。

第二に、「選ばれない学校」が「選ばれる学校」に転換することはほとんどなく、その格差が固定化していくのが実態です。例外は小中一貫校ですが（小中一貫校になったとたんに原小（伊藤学園）や第二日野小（日野学園）は、「選ばれる学校」へと変化しています）、それはむしろ学校格差を一挙に拡大する政策であり、小中一貫校の出現と学校選択制とが一体化し相乗作用を及ぼすことで、品川の学校間格差が拡大し、また選択行動が一層促進されています。

第三に、地域と学校の関係がどんどん切り離されています。「選ばれない学校」の地域の生徒は他学区に転出し、また「選ばれる学校」の生徒は他学区からの転入者が六―七割を占めるようになっています。「選ばれる学校」からも「選ばれない学校」からも、地元の生徒が排除され、地域の住民や子どもが、安心して地元の学校に通える地域がどんどんなくなりつつあります。そういう学校が閉校や統廃合の対象になっても、地元住民は自分の子どもを別の「選ばれる学校」に転出させることに関心を集中させ、もはや地元の学校のありように関心を失ってしまうような事態をも引き起こすことにつながっているのではないでしょうか。地域に根ざし、地域に支えられる学校作りと品川の学校選択制は、本質的に矛盾する段階に到達していると見るべきではないでしょうか。

第四に、様々な要因による全体としての生徒の転入と転出の割合（私学・国立進学をも含んで）が平均でも五割前後に及び、個別の学校では、大きな格差があります。そのために、学校経営、学校運営、教育活動そのものにとっても、大変不安定な要因が付加され、安定した教育活動が困難を抱えさせられつつあるのではないでしょうか。生徒数やそれに応じた教職員数も、新学期直前まで決まらず、また学級数も年ごとに異なるような状況も生まれ、教育活動の見通しが立たないような状況を生み出しています。それらは全体として教育行政にも不効率性をもたらし、学校教育や教育行政の計画性を妨げる要因として、悪影響を及ぼしていることが考えられます。

第五に、実はこういう事態は、何よりも子どもに大きな負担を掛け、子どもにとっての学校のイメージを作り替えているのではないでしょうか。具体的には、①地域の学校に通い、地域の子ども同士でつながり合う関係を作るという、子どもの発達にとって重要な機会を奪っています。地域の生活の中で地域社会を学ぶという関係も希薄になっていきます。学校友だちと近所の友だちとが一致していることが友だちを作る上では大変有利だと考えられますが、その点もなくなっています。②そもそも遠い学校に通うという負担を強いられます。学童保育という点から見ても、他学区に通うということは、子どもと親に大きな負担をかけることになるでしょう。③さらに小さい頃から私学進学率が高いなどの指標で学校選びに参加させられる子どもに、学校というものが競争の場としてイメージされることがどうしても強くなってしまうでしょう。

学校選択制は本当によい学校を作り出すのか

若月教育長を中心とする学校改革推進グループによって、新自由主義的な公教育システムの中心的な方法として学校選択制度が導入されたわけですが、それは、市場的な学校間競争を強め、生徒や親の側から学校を評価する上での有効な仕組みとして導入されました。しかしそういう仕組みが働く中で、公教育の構造そのものが組み変わってしまったというべきでしょう。その一番大きな変化は、学校と地域の関係が非常に薄まり、地域に地元の家庭が安心して子どもの教育を委託できる学校があり、その学校を地域が協力して守り育てていくという、従来の小学校や中学校の当然のあり方が、根底的に覆されつつあるということです。

家庭と学校との連携といっても地元生徒が半分程度ともなってしまえば、なかなか連携やコミュニケーション自体がとりにくくなります。問題行動の指導などには地域や親の協力が不可欠ですが、なかなかそれもできにくくなります。広い地域に生徒が散らばっており、家庭訪問も困難になるでしょう。そもそも地元住民が、地元の学校を活性化させようとする関心を持てない制度的仕組みが進行しているのです。これは、地域学校協議会などを設置しようという学校改革にとってもマイナスに作用せざるを得ないでしょう。

そもそも、学校選択制度は、果たして親の声を学校に反映させる有効な方法かどうかが問われていると言わざるをえません。〈親や地域住民は、この学校がだめだと思ったら別の学校を選ぶという行動——退出行動——をとることで、その学校への批判の意思を表明し、その結果、「だめな学校」も親の声に応えようとして学校がよくなる努力を強めるから、結果として地域の声に応える「選ばれる学校」が地域に生まれるのだ〉という論理は、実際問題ほとんど破綻しているのです。

「選ばれない」理由は、そこの学校の教師のせいなどではなく、理由は何であれ——設備がよい学校が隣に出現したとか、地域の経済的階層格差が影響して困難を抱えた生徒が多く入学する学校で困難が多いとか、あるいは困難が重なって学級崩壊や校内暴力が起こってしまったとか、等々、色々な状況があり得るでしょう——、いったん「選ばれない学校」になると、どんどん困難が蓄積して、回復力そのものが学校から奪われてしまうという悪循環の仕組みが働いてしまうからではないでしょうか。例えば、リーダーシップをとれる生徒が「選ばれない学校」からどんどん転出していってしまうというような現象も起こります。その悪循環を逆転させる強力な援助や条件の補強なしには、何らかの揺らぎが一方向に拡大されてしまうのです。

ですから学校選択制は、学校を格差化し、学校の教育力を格差化し、困難を抱えた学校にますます困難を集中する仕掛けを持っているのです。そして今まで見てきたような状況からするならば、品川区の教育行政は、そのような悪循環を放置し、むしろ学校統廃合の根拠にし、状況を変えられない個別学校の教員の頑張りが足りないのだと教師をしかりつけ、「頑張り」の目標だけを押しつけ、教師の過労状態やストレスを拡大させるという教員統制を「教育改革」と称して強行してきたように思われます。

そういう事態を避けるために、特別な援助を教育委員会としてするのだということも言われていましたが、ほとんど何も行われていないのが現状です。小中一貫校の設置がそういう役割を果たしていると教育委員会は主張するかもしれませんが、小中一貫校については先に見たように、決してそういう役割を果たしているわけではありません。結局、学校選択制度を導入して、市場的な競争にさらせば学校はよくなるという非常に安易で無責任な教育改革理念に依拠してきた品川の教育改革の問題性が、困難を引き起こし、拡大しているのではないでしょうか。

地域に安心して子どもを通わせられる公立の学校を作るという、教育行政としても、地域としても避けてはならない筋道においてこそ、学校改革、学校の教育力の回復を進めることが求められているのではないでしょうか。そのためには、地域と学校、親と学校とが共同のテーブルについて、学校と子育てについて話し合いを始めるところから、そしてその話し合いに基づいて、学校毎の改革を計画し、それを教育行政が支援するような仕組みを作り出すことが不可欠ではないでしょうか。

このまま今までと同じような学校選択制度を継続していくならば、品川の小学校や中学校教育を全体として充実させる教育行政の責任はほとんど放棄されてしまうことになるのではないでしょうか。そして地元の学校を信頼できなくなった多くの親や子どもたちは、結局は私立や国立の学校をめざして、受験競争へと駆り立てられていく方向が加速されていくのではないでしょうか。二〇〇九年度の小学一年生の私立・国立進学率五％が、二〇一〇年度一挙に八・六％に高まったことが気になります。

小中一貫校は、結局、親からは、私立進学に代わる公立のエリートコースへの一つの選択肢を作り出す「改革」として受け止められてきた面がありました。しかしそういう公立学校を作り出すことができないばかりか、かえって激しい矛盾を抱え込んだ小中一貫校の実態が明らかになるにつれて、私立・国立進学への動きを加速してしまったのではないかとも考えられます。

「選ばれない学校」は教育力のない学校か?

以上の分析視点に加えて、ひとつの補足的な視点を述べておきます。今まで、データ分析の都合上「選ばれる学校」と「選ばれない学校」という区分を使ってきました。確かにそういう呼び方は、数値上一定の根拠を持つことは確かです。しかしそれは決して学校教育そのものの質を反映したものではありません。過剰ともいえる学校選択の下に置かれている品川では、むしろ「選ばれる学校」が矛盾を抱えてしまうということも起こっています。学校施設の容量を超えるほどに生徒が集まって、一クラスの生徒数も四〇人いっぱいになってしまう、特別教室や図書室がクラス教室に当てられるために減らされている、また伊藤学園や日野学園のように狭いところに一〇〇〇人前後の生徒が詰め込まれて、ゆったりした空間がなくなった、などの問題が生じています。

逆に「選ばれない」という状況の中で、少人数クラスが実現して、ゆったりした教育ができるという状況も生まれています。人数がたくさん集まればよい教育ができるなどということはありません。学校選択によって不安定な状況が増大し、生徒の人数も揺らぎが拡大すればするほど、教育の困難が、「選ばれる学校」にも「選ばれない学校」にも蓄積されてしまうのです。しかもそもそも、学校選択による多くの生徒の流れは、その学校の教育の内容によるよりも、新しい校舎が建ったとか、一貫校にするために校舎改築で、当面はプレハブ校舎住まいになるとか(現に、二〇一〇年度は荏原四中の校庭にプレハブ校舎ができて、荏原三中が移転住まいをするというようなことが平気で行われています)、いったん何かで人数が減ると多様なクラブ活動が維持できないとか、途中で統合されるかもしれないから別の学校を選ぶとか、軽度発達障がいなどの困難を抱えた生徒が多くなったので、その学校を避けるとか、およそ公教育というものを安定的に持続させていく上できちんと対処すべき公教育計画が放棄されて、私的な個人の思惑だけで公教育が攪乱されてしまうのです。学校選択制度の下で、品川の公教育を如何に展開するかという教育行政の責任が放棄されていることこそ、大問題です。

根本的に考えれば、小規模学校や少人数クラスが出現しても、同じ水準の教育を保障するのが公教育であり、本来小規模校と大規模校に格差があってよいはずがありません。何らかの理由で、その学校に困難が生じたとしたら、教育行政と地域とその学校の教職員が必死になって元の水準を回復するために協力しあうことこそ、こどもの発達に責任を負った公教育のあるべき姿ではないでしょうか。そういう本来の公教育の水準を維持し、高める努力を放棄して、「だめな学校」をつぶれるに任せる、そこから挽回できないのはダメ教師の責任だという教育行政としての責任放棄の「教育改革」路線こそ、今根本的に改革されなければならないと思います。

一言付け加えておけば、品川の教育改革に協力している研究者の中では、品川の学校選択制度をほとんど無批判に肯定しているかの状態があります。小川正人氏の監修になる『検証・教育改革』（教育出版、二〇〇九年）は、品川の学校選択制度批判に対して、それらの批判は「必ずしも実証データに基づくものではない」（六頁）として、アンケートやヒアリングデータで、学校選択制度を積極的なものとして「評価」しています。また、その理論的な展開は、かつて若月教育長と対談してその教育改革に賛同した故・黒崎氏の論文をそのまま再収録して、学校選択制を擁護しようとしています。しかし一〇年の危うい「実験」を踏まえて、今こそ何が起こっているかをリアルに検討することが不可欠になっています。

また学校選択制度には、ある悪循環作用があるということも見ておかなければなりません。それは、この制度は一度始まったら最後、親や住民からの学校選択への要求はむしろ時間が経つにつれて増大していくという性格です。もちろんそういう傾向は絶対的なものではありませんが、行政が相当な力を入れて、公立学校改革を進め、どの地元にも安心して子どもを通わせられる学校が出現するという状況が作り出されない限り、学校選択への要求は収束することがないのです。ましてや行政が、学校を市場の競争にさらして放置し、今まで見てきたように格差の拡大を放置しているような状況では、いっそう選択の要求は高まらざるをえないのです。そういうときに親へのアンケートをして、選択制への賛同率が高まっているから学校選択制度は区民の支持を得ているとして、この制度を今のままで継続することの根拠にするというのは、決して正当でも科学的でもないということを述べておきたいと思います。

学校選択制度についての議論を区民の間で広めていくための問題提起として、以上のデータを検討いただきたいと思います。

【注記】

（注1）　希望申請手続き——前年一〇月一日に、保護者が、子どもの学校選択の希望を教育委員会に提出し、一定の優先順位にしたがって、その学区変更を受け付けるシステム。小中一貫校や転入希望が集中する学校では、受け入れ枠を設定し、その枠を超える場合は、抽選を行います。抽選からはずれた場合でも、その後に何らかの理由で空きが生じた場合——多くは、私立・国立中学への進学が決まることで、品川の公立学校から「転出」していくケースである——、繰り上げで、転入希望が認められる仕組みがあります。

（注2）　ここで示している「希望申請で転出した生徒数」には、希望申請を提出したけれども、希望者多数のため抽選にかかり、実際には転出できなかった生徒数は省いています。希望申請を行った数でみると、品川全体の選択率Ⅰは三一・八％（希望申請六七九。うち八三名が抽選で転出不可となり実際に転出したのは五九六名）となります。

（注3）　指定校変更——品川区の指定校変更の認可基準は以下の通りです（区域外修学の場合もほぼ同様）。

1　指定校への通学が、距離・時間・通学上の安全確保等の観点から支障があると認められる場合。

２　おおむね一年以内に品川区内（区域外修学の場合「区外」）で転居が確定していて、予め転居先の指定校に通学させることが望ましいと判断される場合。（区域外修学の場合、以下の点がつけ加わる。「学期の途中で転出した場合は、その学期の終わりまで、もしくは最終学年の場合」）

３　保護者の就労等の理由により下校時または登校前にやむを得ず児童を近親者等に預けざるを得ない場合（小学生に限る）。

４　慢性疾患等で長期間、定期的に通院治療を必要としかつ、診療時間の関係により、病院の最寄の学校へ通学する必要があると認められる場合。

５　その他教育委員会が特に必要と認めた場合。

（注４）数値の補正について。

第一の補正――その学区で住民登録をしている生徒のうち私立・国立中学に進学した生徒数についての補正。

品川区教育委員会の統計数値では、私立・国立進学率に関しては二つの数字が示されています。一つは全体としての私立・国立中学進学率二六・七％（二〇〇九年度）です。もう一つは、各年度新入生動向一覧に示されている各学区毎の私立・国立中学進学者数です。

後者の数値は、他の学区からの転入が認められ、その後私立・国立中学に受験合格して、その学区からも「転出」扱いとなった数値を含んでいます（この数値を、公立学校選択者と私立・国立への「選択」者の両方にカウントされているという意味で、「ダブルカウント数」と呼ぶことにします）。したがって、正確な各学区毎の私立・国立中学転出者数はそのダブルカウント数を各学区毎に記されている私立・国立中学進学者数から引いたものでなければなりませんし、同時にそのダブルカウント数を元の住民登録している学区の私立・国立進学者数に足さなければなりません。しかしそれは、与えられているデータからは正確に処理できません。そこで、その補正のために注目したのが、三つの特別に「選ばれる学校」です。

三つの中学（日野、伊藤、戸越台）では、二〇〇九年度、学校選択の限度枠を超えて転入希望申請が殺到したために抽選をしていますが、その後新たに空きができて、抽選で漏れた生徒が追加的に転入が認められているのです（その合計数は一〇六人）。その空きができた主な理由は、私立中学などの試験に合格して、その区立中学に進学しなくなったということです。この三つの学校に関しては、その空きとなる数が、本文で指摘したダブルカウント数のほとんどをそのなかに含むことになります。しかしこの空き数は、その学区の地元生が私立等に進学したケースと他の学区からの転入予定者が私立等に進学したケースの両方を含んでいます。それで、この三つの学校の学校選択の最初の段階での地元生徒と転入生徒とのおよその割合をみると、ほぼ半々（およそ二〇〇強対二〇〇）です。したがって、一〇六人の半分ずつが、それぞれ地元生徒から（五三人）、転入生から（五三人）、私立・国立に進学していったものと見なしました。

しかし、「選ばれる学校」（学校選択の人気校）へ転入してきた生徒の方が、私立選択がだめならこの学校へ転入したいと考えている確率が高いとも考えられます。また「選ばれる学校」でなくとも、何らかの判断で、私立に進学したいけれど、それがだめでもこの学校に転入したいとして選択してきて、その後私立等に合格したケースが少しはあると考えられます。そういう部分も考慮して、学校選択をしていったん学区外の公立中学に進学を申請し、その後に、私立・国立中学へ合格して「転出」する生徒数の合計は、五〇〜一〇〇名程度と考えられます。一方、品川全体の私立・国立進学者率二六・七％を機械的に適用して各学区の私立・国立進学者数を計算してみた数値は、元の品川のデータからおよそ一〇〇名程度の私立・国立進学者数を学校間で調整した値とほぼ一致します。

それで調整方法は、品川全体の平均私立・国立進学率で計算した各学区の仮の私立・国立進学者数と、品川区の作成した入学者動向一覧表の数値のままで計算した各学区の私立・国立進学数との差を人数で算出し（約一〇〇）、その差を四分の一に縮小（人数でいうと、一〇〇の差を縮小して差を二五にする、すなわちダブルカウント数を七五と仮定して調整）する方法をとりました。小学校の場合は、同様の方法で得られる差約五〇を、四分の一に縮小する形で補正しました。

しかしこのある意味で機械的な修正は、地域ごとの私立進学率の差などをきちんと反映したものではありませんので、実態に即さない面を含んでいる可能性があります。その意味では、この数値は、あくまで一つの予想値であって、より正確な実態に基づいて明らかにされるべきものであることを断っておきます。なお、私立・国立進学者数の補正値は、学区内登録者のうちの公立中学進学者数にそのまま連動してきますので、分析で使用する地元生徒数、地元生徒率（入学者のうちの地元生徒の割合）にも連動した補正を掛けるということを意味します。その点もご了解ください。

第二の補正——もう一つの補正は、先に述べたダブルカウント数が選択率に及ぼす影響の問題です。それが直接問題になるのは、私立・国立選択率と公立学校選択率（転出）とを合計して、統合選択率を算出しようとするときに、ダブルカウントによって、実際より高い値が出てしまうということです。それで、その修正値には、先に見たおよそ五〇〜一〇〇名という予想のうち、大きい方の数字一〇〇をとって修正をすることにします。ここで大きい数値を採用するのは、選択率が実際よりも肥大化した数値となることをできるだけ避けるためです。ですから統合選択率という視点から見れば、控えめな予想値を採用するということです。この一〇〇人がダブルカウントされているという仮定は、品川全体の私立・国立進学者五七一人（小学校から私立・国立に通っていて、継続して私立・国立中学に進学する一〇〇名強の生徒を含む数字であるので、実際には、五〇〇名弱のうちということを意味する）のうち一〇〇名が、いったん公立学校選択で品川区内の別学区に希望申請を提出し、その後私立・国立に合格して、転出先の公立学校からも「転出」したということを意味します。公立学校選択を、私立学校進学に失敗した際のいわば予備の学校選択として利用している生徒はもっと多いと思われますが、私立中学試験の倍率が高いので、実際に転出できるのはそれほど多くないと思われます。以上の補正によると、ダブルカウントによって肥大化した統合選択率（選択率Ⅳ）は、一〇〇÷品川の全登録者数（二一三五）×一〇〇＝四・七％となります。したがって、統合選択率については、〈選択率Ⅱ〉（二〇〇九年度中学の品川全体では三一・二％）と〈私立・国立進学率〉（同、二六・七％）の合計数（五八・九％）から四・七％を引いた数値（五四・二％）を用いることとします（小学校の場合は、同様に検討して、一・一％の補正値としました）。

しかしこの補正もかなり機械的なものです。厳密な数値は、本来、各学区の住民登録生徒の中で、実際に私立・国立中学に進学した生徒数を把握することが必要ですが、現状ではかないませんので、傾向を把握するための一つの試算であることを重ねて断っておきます。

（注5）　改めて述べておきますが、〈選択率Ⅶ〉に示される転入率は補正されていません。それは、希望選択という制度によって転入してきた生徒が私立中学などに合格して、その学校からも「転出していく」というケースについては、単なる転入者として数値化されているということを意味します。しかし、学校選択のおよその動態を知る上で、どれくらいの生徒が希望選択をして「受理」されたかという数字（それが品川区の数値として公表されている転入の人数です）は、それ自体として選択の実態を客観的に表している数値ですので、そのままにして取り扱うことにします。ですから、選択率Ⅶの転入数や転入率の数字については、それはあくまで転入が「受理」された人数であって、実際に転入を経て入学してくる生徒数は、そこから私立中学など へ「再転出」していった生徒数を引いたものであるということを念頭に置いて読んで頂きたいと思います。

（注6）　地元残留率――その学区に住民登録している生徒のうち、どれだけの生徒が地元の学校に入学したかという割合（％）を示しています。したがって、登録者から転出者すべてを除いたものになります。そこで転出者数とは、広義選択による転出者（品川区全体では六八八人、内訳は狭義転出者五九六人、指定校変更転出者八五人＋区域外転出者七人）＋私立・国立進学者（同、五七一人）＋住民登録変更による転出者（同、四四人）＋その他（同、四九人＝インターナショナルスクールなどへの転出者など）のすべての合計数となります。したがって、広義の公立校選択者（転出）と私立・国立進学者の他に、住民登録変更による転出者と「その他」の転出者を含み、その結果として、広義の公立学校選択者と私立・国立学校選択者を含んだ選択者よりももっと大きな「転出者」となります。しかし、先に検討したように、

「ダブルカウント」問題がありますので、その分を引きすぎてしまうと、その学区に残留している生徒数よりも少ない数値で計算してしまうことになります。ここではその調整を、先の「ダブルカウント」数予想に依拠して処理しました。

（注7）　地元生徒率――実際にある中学校に入学してきた生徒のうち、地元学区の住民登録生徒の割合を示したものです。この正確な人数を出すためには正確な私立・国立進学者数が必要ですが、そのデータがないので、先に述べたような計算で補正を含んで求めたものになっています。したがって、図表2―13、2―14の数値もまた、実際と少しずれている可能性があります。その点を了解してこれらのグラフをご覧ください。特に戸越台中の地元生徒数が、実際より少ない可能性があります。戸越台中学区の登録者数は七九人ですが、品川区の入学生動向一覧では私立・国立進学者数が三二人（進学率四〇・五％）となっています。補正値として二四人（進学率三〇・五％、地元生徒数二三人）を採用して計算していますが、実際にはもっと私立・国立進学率が低いとすると、その分、地元に残っている生徒数が多くなります。仮に品川の平均私立・国立進学率で計算すると、地元生徒数は二一人となります。そのときは、地元生徒率は二一・五％から二二％まで上がります。しかしそれほど大きな差が生まれるわけではありませんので、実際の傾向を示す数値として有効であると考えました。

第3章　品川の教育改革の「理念」と「手法」

以上、多くの点について品川の教育改革の問題を指摘してきました。しかし教育現場からの公式の報告や、品川区が自ら進めている「検証」作業からは、全くといってよいほど、問題点や矛盾点についての指摘があがってきていません。また大変多く開催されている各種の品川の教育改革報告や研究発表会、小中一貫教育の発表会での教員の報告からも、問題点や矛盾点についての報告はほとんど出てきません。それはいったいどうしてなのでしょうか。最初にその問題を検討することから、品川の教育改革の方法と問題点を明らかにしていきましょう。

1　報告によって作り出される「教育改革」

この一〇年ほど、品川で教育改革が声高に叫ばれ、学校現場に指示されてきた時期はありません。しかし実はこの教育改革推進体制こそ、学校現場を、本当の教育改革から遠ざけつつあるという逆説を生み出しているように思われます。どうしてこのような逆説が生まれるのでしょうか。その仕組みを描いてみたら以下のようになるのではないでしょうか。そしてそこにこそ今進行している強引な「教育改革」の問題と矛盾が現れているように思われます。

（1）今、品川の教育改革は、若月秀夫・教育長の強力なリーダーシップとそれを強引に推進していく指導管理体制に基づいて遂行されています。そしてその指導と管理の強権性ゆえに、上からの改革指示は、ほとんど絶対命令となって、それを学校現場におろしていく中間管理職は、日々、上からおりてくる「教育改革業務」をこなすのに必死になっているのです。しかし今までみてきたように、この「改革」には大きな無理があり、教育の論理からしてもたくさんの疑問が生じざるをえないものです。

ところが上からの管理と指示があまりに強権的であるために、実際の「改革現場」から矛盾や問題点の指摘、あるいは「改革」への疑問が出されても、それらが「上」にあがっていくことはほぼ不可能な状態になっています。中間の管理者（たとえば校長）は、上からの改革課題を背負わされて、それがうまくいっていないとなると、それは指導監督者の力量不足として激しく叱責され、厳しく業績評価されてしまうので、改革がうまくいっているという報告を「下」から上げてくることを求めます。そしていつの間にか、「改革」に向けての本当の指導や援助ではなく、改革成功の報告を求める「指導」へと変わってしまうのです。そしてそういう論理が、上から下までの伝達と指導の一つ一つの節目に埋め込まれ、結果として、上からの強力な改革への指示を出せば、いつでも「成功の報告」があがって来るという状況が創られてしまうのです。

（2）そうすると、トップからの指示を下に伝えていく中間に位置づく管理者、管理職（教育委員会や校長、副校長、等々）は、その指示の伝達をしたかどうかで、その業績を評価されるという位置に置かれてしまいます。上からの指導の強権性ゆえに、それ以外の自主的な判断基準を自ら持つことができなくなってもいます。そして逆に、ある位置にある管理者の仕事の達成度は、そのひとつ下の作業者が、その指示をどれだけ忠実に実施したかによって評価・証明されるという伝達と評価の連鎖が生まれてきます。そこに、膨大かつ煩雑な記録と報告書づくり業務が生じる仕掛けがあります。ある管理者は、その上の管理者に提出する自分の職務全うを証明するための証拠としての報告書作成を「下」に命じ、「下」のものは、どんな指導をしたかの詳細な記録を自分で創るか、自分のさらに「下」に命じることが、中間管理職の教員指導として行われるという状況が生まれるのです。そしていったん事件や事故が発生し、教育の失敗が生まれても、自分はこんな指導——上から指示されたとおりの指導——をしていましたという証拠としてそれは意味を持ち、かくて問題の発生は全て一番下で苦労している現場教員の力量不足、上からの「正しい」指示を実施できない部下の自己責任と見なされ、行政の指示に忠実な管理者の指導責任は問われないという仕組みが生まれるのです。

（3）　行政の指導はいつでも間違っていないとする行政の建前が貫かれている中では、その行政の指示を忠実に伝え指導しましたという報告（指導の証拠）は、その指導の間違いや欠点を指摘されることがありません。だから上からの指示に従うことで、教育管理者としての力が常に証明されるということになります。もし、なまじっか、現場の課題に校長が「独自の」判断と指導をしたなら——本当はそれこそ校長の責務であり教育的力量の核心なのですが——、その結果は自己責任となり、うまくいかなかったら自分の力量のなさを上にも下にも暴露してしまう危険性があることになります。校長は、子どもと学校現場に対する教育者としての責任を果たす役割、勇気ある指導者としての自主性（自由）を放棄する代償として、行政から指示される指導課題を忠実に果たすことのできる「有能」な管理職として評価される、という論理がまかり通るのです。そして自分の保身のための対応が、足下の教育への責任を放棄させてしまうのです。それは本当の教育者として生きる校長への道を閉ざしてもいるのです。

（4）　しかしそれはよく考えてみると、とんでもない無責任体制というべきものです。現場に則さない「教育改革」指令が次から次へとおろされ、そのためにかえって教育現場に混乱や問題が生じているにもかかわらず、「上」にうまくいっているという報告が出されることで、そこに架空の「教育改革」の成功的進行が作り出されてしまうのです。そしてその報告によって、上からの「教育改革」が実証されてしまうのです。

若月教育長の改革構想が、あたかも品川の教育改革をリードし、どんどん改革が進行しているかのような幻想が作り出されてしまうのです。多くの教育現場にあって、日々子どもと格闘している多くの教育関係者の間では、多くの矛盾や問題点が感じられているにもかかわらず、その疑問や問題をみんなで話し合い、共通認識にし、「品川の教育改革」のなかで何が起こっているのかをつかまえるという共同の作業が立ち上がってこないのです。そのため、疑問や矛盾は、部分的現象として認識されるにとどまり、あるいはその原因は自分の力量不足であるかのようにさえ見えてしまうのです。そのため、教育現場が今何を必要としているかについての自主的判断に立って、学校の側から主体的な改革が起動していくということが困難になっているのです。

以上のような仕組みによって、矛盾をいっぱい抱えた「教育改革」が、学校文書上では、全力で取り組まれ成功しているという「教育改革」として書き換えられ、その破綻や混乱が押し隠されるという事態が生まれているのです。かくて、偽装された「教育改革」が、下から上への「報告」によって作り出されるというからくりが生み出されているのです。しかも、そうした状況を続けるために、現場の教員がますます多忙に追われ、疲弊させられ、学校教育を一層困難にしつつあるのです。

しかし、教育現場が、今の子どもの困難、学校の困難に取り組もうとするならば、日々現場で苦闘する多くの現場教員の経験や知恵を集めるほかはありません。管理職も現場の教職員と一緒に泥まみれの苦闘を進める以外、本当の教育者、学校の責任者としての誇りや充実を、自分自身が心から納得できるような形で回復することはできなくなっているのです。そういう現場から生み出される「教育改革」への知恵を集め、この偽装された「教育改革」と取り替えることこそが、本当の品川の教育改革への道であると言わなければならないでしょう。

しかし実はよく見ると、そういうおかしさの一端は、品川区自体が行った教育調査結果にも現れています。管理職では、「学校選択制」「外部評価」「学力定着度調査」「小中一貫教育」について、「教育改革の方法として有効」という積極的評価（とてもそう思う＋そう思う）は、ほとんど九五％前後であり、否定的評価（あまり思わない＋全く思わない）が〇％（学校選択制のみ「あまり思わない」が一・八％）という実に「見事」な結果を示しているのに、一般の教諭の場合には、積極的評価は、「過半数を超える項目は見られない」（『検証・教育改革』一七頁）となっているのです。これほど大きな違いが現れているのはなぜかを解明する必要があります。そこから品川の教育改革の特徴が浮かんでくるのではないでしょうか。しかもこれらの調査アンケートは、教員に配布されている個人パソコンのメールを通した回答として行われた部分があり、多くの教員は、自分の回答内容が管理者に把握される不安を持つ状態で行われたのです。

2 「品川の教育改革」を主導する「公教育論」――若月氏の教育論と教育改革の手法

では、品川の教育改革は、どういう理念に立って進められているのでしょうか。その点で、非常に明白なことは、それがこの改革のトップに君臨する若月氏の教育改革理念そのものであるということです。

実は、自治体の教育改革で、そういう個人の教育改革理念がこれほどストレートに反映されるということはあまりありませんでした。なぜなら、大きな改革に当たっては、すくなくとも議会や教育委員会、さらには審議会などによる検討がなされ、そこでの合意に基づいて、改革理念や改革の基本方向が吟味され、決められていくからです。ところが、品川の教育改革に関していえば、そういう手続きが十分には行われていないのです。それはたとえば小中一貫校を設置するという方針についても、区民はもとより多くの区議会議員すら、新聞発表で初めて知らされるというような状況にも現れています。しかも驚くべきことにそのような独断的なトップダウン方式を当の若月氏が各所で自慢し、加えて品川の教育改革に関与している共同研究者までもが、そういうトップダウン方式こそが品川の教育改革を推進したと追認までしているのです（前出『検証・教育改革』一五八頁参照）。

しかし同時に、もう一つの特徴をみておかなければなりません。それは、品川の教育改革を主導してきた若月教育長が、その改革の理念を盛んに語り、宣伝し、マスコミもまた話題にし、それが一〇年にも及ぶことによって（若月氏の教育長就任は一九九九年六月）、今品川で進行している教育改革が、どのような矛盾を含むものであるとしても、区民にとっては、公教育改革としての意味と期待を背負うものとして進行してきたということです。そういう中で、一連の品川の教育改革は、一面で、学校選択などの形で区民の公教育批判――このままでは今の公立学校には期待できないのではないかという思い――を行動化、能動化する機能を果たしてきた側面があります。そしてその教育への関心の高まりと行動化が、市場的な公教育制度を促進し、学校格差や過度の競争主義が促進され、矛盾を拡大してきたという側面があります。ですから、品川の教育改革の理念は、それが若月氏の理念によって主導されているとしても、この一〇年間の区民の教育改革への期待と一定の重なりを持って展開してきたという側面を否定することはできないでしょう。

そういう点では、私たちの研究と検証は、この間の「品川の教育改革」の矛盾や誤りを指摘するにとどまらず、学校教育において、区民の要求や願いをいかにして実現していくことができるのかを解明するような仕方で、取り組む必要があると感じています。

若月氏の公教育論の骨格

『品川区の「教育改革」何がどう変わったか――教育委員会はここまでできる』（若月秀夫、吉村潔、藤森克彦著、明治図書、二〇〇八年）は、そういう「公教育論」を若月氏ら改革の主導者たちが直接その理念を語ったものです。その特徴を整理してみましょう（この項の引用はすべて、同書からのもの）。

(1) 教育改革とは、自分の利益にしがみつき、事なかれ主義の安泰に閉じこもる教師を公の場に引き出して競争させ、区民の利益に服させることであるという教育改革論が一貫して貫かれています。したがって、教師の意見を聞いていると、教師の利益を守る方向で教師は発言するのだから、教師は改革を行う側ではなく、改革される対象だということになります。学校教育の問題性の根源は教師（だめ教師、利己主義教師）にあると捉えられており、いわば、公教育の困難の原因は教師にあるという教師原因説にたっているという性格があります。

(2) 学校選択制度も、（小学校の五、六年生に導入した）教科担任制も、教師と学校を公の前に引き出して、自分を反省して、一生懸命に競い合わないとだめだという関係、制度的仕組みをつくりだす戦略であるとされています。したがって、教育改革の基本は、区民の選んだ区長やその区長によって任命された教育長の教育改革目標を達成するための競争の仕組みを教師の間、あるいは学校間に組み込み、教師が変わらなければならない状況を作り出すことにあるという考え方に立っています。

(3) 学校経営とは、したがって教育の論理で進めるものではなく、経営の論理で、教師を競わせ評価するという仕組みを作ることこそ中心にしなければならないとされます。すなわち経営論としての教育改革論でなければならないとするのです。そこから、教育改革理論の中心は経営論だということになり、たとえば、教科担任制を実施するのは「経営戦略」によっているのだ（「経営戦略としての教科担任制」、一五頁）となります。その結果、改革が教育的にみてどうかという視角から検討されることがおろそかにならざるをえないのです。小学校の五、六年に教科担任制を持ち込み、今までのようなクラス担任制をなくすことは、教育という視点から見てどういう問題を引き起こすかは、検討されなくなってしまうのです。

(4)　教師や学校は悪弊に浸透されているので、改革のペースメーカーとして上からの力が改革の内容、方法を主導しなければならないという、上からの教育改革論が強調されます。そしてそれがやがて下からの自主的改革を引きおこすのだという論理が述べられています。それは、現場の意見を聞く必要などないという姿勢につながっています。次のようにも述べています。

> まずはペースメーカーが必要なのです。わたしはどんな批判があろうと、先頭に立って、三〇キロ地点まではペースメーカーに徹しようと思っています。品川区の場合ボトムアップを実現するため、意図的にトップダウンで学校に刺激を与えたのです。（『何がどう変わったか』二二頁）

(5)　改革の進行状況は数値で把握しそれを明確にすることが必要であり、その数値を把握し明確にすることがアカウンタビリティ（区民への説明責任）を果たす行政の責務であるとされます。だから教育委員会は、絶えず、改革の進行状態を数値化して把握し、教師を評価し、学校を評価することが不可欠とされます。その結果、そういう数値化された把握のための学力テストが不可欠とされます。その結果、教育委員会は、品川の学校全体に対して、学力達成水準の評価という、ほとんど絶対的ともいえる評価権を掌握し、学校をその学力競争に向けて動員するという強大な学校支配権を獲得、行使するという状態が生まれているのです。そのため、本当の学力とは何かについて教育行政が一方的に判断し、その学力達成に向けて学校を動員するということが起こってしまうのです。市民科という独特の「学力」達成に向けて、品川の先生たちが必死の努力を強要されるという事態もそういう仕組みの中で生まれているのです。

この点に関して同じ本の中で藤森克彦氏（前品川区教育委員会小中一貫教育担当課長）は、「本区の学力定着度調査は、実は『教員の指導力調査』（傍点は引用者）であり、学校選択のため保護者に情報提供するというより、『改善せざるを得ない仕組みを学校の中につくり出す』という、本当の意味でアカウンタビリティを学校が発揮するという特質を備えるもの」（七六頁）と述べています。その結果、教員は品川区の学力テスト対策に教育指導を焦点化し、教育行政は、学校教育の困難を克服する多様な手だてを考えなくても、ただ教員評価を強めれば改革はうまくいくという、実に安易な改革手法に頼ることになってしまったのです。

(6) 教育改革は、閉鎖的な学校を区民の前に開くことが必要であり、そのため学校を外部の目にさらすことが必要であるとされます。株主総会がそのモデルにされています（二八頁）。その結果、学校を誰がどう作るかという議論は欠落してしまいます。株主総会を行う私的企業と、住民自治や親たちの参加によって創られるべき学校とが、同列に論じられ、肝心のどう学校を創り運営するかについては、教育委員会がほぼ専断的に管理し、区民の前で競争をさせ、区民が学校を選ぶという仕組みがその株主総会の役割を果たすとされるのです。親や住民が参加して、学校の教職員と一緒になって地域の学校を作り出すという筋道は、若月氏の教育改革論には見あたりません。

(7) 学校選択制はあくまで手段で、改革の中心は教育の内容だとしています。そしてその内容として「小中一貫教育」が置かれています（三九頁）。結局若月教育長の教育改革の最終目標は、小中一貫教育として設定されていたことがわかります。しかもこの小中一貫教育は施設一体型の「小中一貫校」にそのモデルがおかれることになり、若月氏個人の思いつき的な、検証もされていない教育理念が、いっそう暴走することになってしまいました。その実態については先に見たとおりです。ではなぜ小中一貫教育なのかに関連して、若月氏は、自らの教育改革理念の核心を、戦後民主主義の弊害（「悪平等をも是とする公平感」、「自由や権利を絶対化して『公共の利益』を軽視する風潮」、「日本人としての自覚の否定」の三点）を除去するwar（戦争＝戦略的なたたかいという意味で使われている）である、と述べているのです（一一頁）。結局若月氏の教育改革への執念は、若月氏自身の戦後教育批判への怨念ともいうべき独特の情念にあったということが語られているのです。そのことを若月氏の文章で確認しておきましょう。

第一に、社会全体が機会の均等だけではなく結果の平等までを当然の権利として求め、世の中に悪平等をも是とする公平感を生んでしまったことがあげられます。そこでは、切磋琢磨や良い意味での競争までを否定し、自らの努力や向上心の不十分さを社会の制度に転嫁してはばからない風潮を生んでしまいました。……／第二には、自由や権利という概念をあまりにも絶対化しすぎた結果、社会全体に「公共の利益」を軽視する風潮が生まれたことです。……／また、子どもの意見や権利を最大限尊重し、「指導」より「支援」が大切という消極的指導観があります。……／今の日本社会には、国とか国家を軽視したり場合によっては敵視したりする一方で、その国家から最大限の庇護や恩恵を受けることは当然とする傾向が見られます。……／ところが学校現場では、「日本人の育成」という言葉に、アレルギー反応や拒絶反応を示す教師が未だ数多く存在しています。……

この文章を読みながら、気がついたことがあります。この文章はあの安倍内閣の教育再生会議で盛んに議論されていた内容そのものではないかということです。戦後教育を権利の一面的な主張へとゆがめて描き、また国を愛する心を失わせた一九四七年教育基本法を変えるとして、教基法改悪が強行されました。しかしあまりの強硬な右寄り姿勢のため、安倍内閣は行き詰まり、教育再生会議も消えてしまいました。ところがその「精神」をそのまま受け継いだ「教育改革」が品川では若月氏によって主導され、しかも全国に先駆けた教育改革の成功例として紹介、宣伝されているのです。格差や貧困によって、教育を受ける権利が奪われる事態が広まり、競争と自己責任の教育が反省を迫られているという時代の変化に、品川の教育改革は、このままでは取り残されてしまうのではないでしょうか。

若月氏の公教育論の問題性

この若月氏のある意味でわかりやすい、そしてある意味で過激にもみえる教育改革論の問題点がどこにあるのかを検討してみましょう。

第一は、そもそもなぜ、今の学校教育の問題や困難が生まれてきているのかについての、現実に即した検討がないということです。そして学校問題のほとんどすべてが、二つの問題、すなわち一つは、今までの教育が「結果の平等」に囚われて個性をのばすことに臆病であったこと、「公共の利益」や「日本人としての自覚と誇り」などをきちんと教えてこなかったこと、そしてもう一つは、「きれいごとを並べる教師」、「競争ではなくみんな仲良くすることを教えることが教育と思いこんでいる」教師、「現実をみない教師の体質」にあるとされているのです。だから改革の焦点は、教育と学校、教師の間に競争を持ち込み「『頑張らざるをえない』状況をつくる」(四二頁)ことと、今のままではいられないという仕掛け(「学校が変わらざるを得なくなる」仕組み、一〇八頁)を創り出すこととされるのです。

しかしこれは、子どもの変化、教育条件の貧困、日本の学校教育の過度の競争性、教師の多忙、貧困と格差の進行などを視野におかない、教師が怠けているから問題が起こるんだという、一見、世間受けはしますが、事実をみない暴論というべきものです。そもそもこういう問題認識では、こんにちの困難には立ち向かえないでしょう。今日本の教育は、OECD諸国のなかで最も予算が少ない(対GDP比)教育貧困大国になってしまっていることなどは、全く視野におかれていません。たしかに「学校を変えるとは、つまるところ教師を変えること」(一二四頁)に他ならないとしても、それは究極の教育改革の到達点を示すことばとして一定の真実性があるのであって、教育をめぐる諸条件の改善を抜きにして、徹底した強権的管理で、しかも教師の自主性や主体性を剥奪して、教師をギリギリまで疲弊させれば教育改革がうまくいくなどという改革理念は、暴論であり、学校教育をさらに疲弊させるものです。

第二の問題は、「頑張らざるをえない状況をつくる」、「学校が変わらざるを得なくなる仕組み」の中身です。もちろん、教育改革は、住民自治の下で行われるべきものであり、学校や教師の一方的な「恣意」にゆだねられるものであってよいはずはありません。もし住民と教職員の間で合意された教育改革方針であれば、その方針に沿って、学校や教師は全力で頑張る必要があります。ところが、品川の教育改革方針は、区長と教育長のトップの判断でほぼ決定されてしまい、教育にふさわしい合意形成がほとんどなされていないのです。しかも重要なことは、教育は、政治権力が直接その内容や方向を決めてはならない特別な領域と考えられてきたものであるにもかかわらず、区長と区長が任命した教育長がほぼ専断的に改革方向を決定し、その改革に沿って教師が「頑張らざるをえない」仕組み、学校が「変わらざるをえない」仕組みが生まれているのです。これは憲法に示された教育の自治や自由をも犯すものであり、教育基本法にも明示されている「不当な支配」の禁止規定を犯すものといわなければなりません。そもそも、施設一体型小中一貫校が教育的にみてよいものだという判断はいったい誰がしたのでしょうか。教育委員会が決めたといいたいのでしょうが、今の品川区教育委員会は、住民の意思も、教育関係者の意見も反映していません。また教育委員会で本格的な教育学的検討が行われたということも聞いたことがありません。しかしそういう改革方針が、絶対服従の強権でもって推進されているのです。

第三に、教育改革が、「変わらざるを得ない」という仕組みをつくりだす徹底した「経営論的発想」（四四頁）の上にたち、教育改革の達成度評価が数値的な「定量化」（二七頁）によって計測され、それに基づいて「経営論的管理」（四三頁）方法でコントロールされ、推進されるという仕組みが採用されていることです。そしてその中心に学力テストがおかれています。その結果、今学校では、教師や学校のとりくみが、この学力テストの点数を上げることへと一面化されつつあるのです。それは若月氏の言葉で次のように述べられています。

……「こどもたちには定量化できないところで『考える力』がついている」とよく言いますが、それでは説得性がないのです。／そうした教師は、基礎的な学力を身に付けさせるという教師としての責任を果たしているとは言えません。子どもたちを置き去りにしたまま、専門家の間だけで評価される、ある種の「趣味」に走ってしまっています。「教育とはすぐに結果が出ない仕事だ」というのは言い訳です。目上の人や教員、保護者へのあいさつ、嘘をつかない、悪いことをしたら謝るといった基本的な態度、あるいは九九や漢字のように結果がすぐ見えるものはたくさんあります。／きれいな理想論を語る前に、まず必要最低限の学力や行動規範を身につけさせるという責任を果たさなくてはなりません。教師もまた社会的存在である以上、自らの仕事の成果を社会一般の常識から評価されるのは当然です。（二七頁）

しかしここには大きな問題が含まれています。この考えに基づいて改革が推進されている下でどういう現象が起こっているかというと、テストの点数を効率的に上げるように学校全体の教育の重点が移行しつつあるのです。さらにはあいさつができるかどうかを点数化して子どもを評価するような矮小な点検運動が行われたりすることもありました。確かに教育成果を上げることが学校には期待されています。しかしそれは数値化されないものも多いのです。それを、まずは数値化できる成果を上げてから、そのほかのものにも取り組めという論理で合理化することはできません。点数化できるところで学校や教師の評価が強力に行われるために、そこに全部の力が向かってしまい、他の分野がどうしてもおろそかになるのです。

それだけではなく、教育の成果は即効的な「成果」だけを追求するようになると、長期的にみて成果が落ちるということも多いのです。それは学力というものの性格に関わっています。現に、学力テストの点数を上げるために過去問を集中的に取り組ませるというテスト対策で点数向上に取り組む学校がたくさん出現しているのです。そのため子どもたちは詰め込み学習とテストにおいまくられ、学習嫌いと落ちこぼれが増加することにもなるのです。

だからこそ、教育成果の評価には、そういう問題も含んで、どういう教育が必要なのかについての親や教師の話し合いによる合意が不可欠なのです。教師と学校がどういう見通しで教育を行っているのかについて、しっかりと親や地域と話し合っていくことが大切なのです。点数だけをみれば教育の全体像がわかるということではないのです。また教育委員会が教育内容を決め、テストを行い、点数で学校と教師を管理していくならば、それは上から教育内容、教育の価値的方向を完全にコントロールしてしまうことになってしまいます。この問題は、国家や政治に教育が支配されてはならないという戦後の教育の根本原則に関わることだといわなければならないでしょう。

第四に、これらの教育改革についての教育学的裏付けが欠落していることです。若月氏の「経営論」的改革論には、本格的な教育学的裏付けが欠落しており、教師を頑張らせれば何でもできるかのように考え、非常に危うい――彼にとっては理想と思われる――「前倒しカリキュラム」「小中一貫校」「市民科」などが次々と強行されてしまうのです。今日では、なぜ落ちこぼれが生まれるのか、中一ギャップはなぜ生まれるのか、どうして子どもたちは学習意欲を失っているのか、貧困や格差がどれほど学校教育を困難にしているのか、過労と多忙に追われて頑張っている教師がなぜ力を発揮できないのか、等々について考えようとしない教育改革では、本当の力にはならないのです。品川の教育改革、そしてそれを主導する若月氏の頭の中には、そういう問題関心が欠落しているのです。

第五に、すでに先にも指摘したことですが、このような上からの教育課題への絶対的な忠誠と従順を求める教育改革システムは、実はその改革が本当に正しいのかどうかをその教育実践、改革実践によって検証していくことができなくなってしまうという大きな問題をはらんでいます。点数を上げることで教員の業績評価が行われるために、みんなができるだけ「成果」を挙げようと頑張ることになります。でもその「改革」が問題を持っていないかどうか、もし問題があるならそういう点を出し合い、それを批判的に検討し、改革そのものを組み替えていくことが不可欠になります。しかし若月氏の作り上げた管理システムは、ほとんど絶対的なもので、批判を許さない強権的なものとなっています。そうすると先に指摘したように、下から教育改革が成功しているという報告があがってきてしまうのです。そのため本当に求められている教育改革課題がむしろ押し隠され、抑圧されてしまうのです。

一般的に考えても、かつてない教育困難が学校教育に被さっているなかで、矛盾や失敗や困難が日々噴出しているのがむしろ当然ですらあるのに、どうしてそういう困難と格闘して、どうすればいいかみんなで知恵を出し合って格闘し、模索しているというような報告が、品川の学校からはなされないのでしょうか。それともそういう問題は「品川の教育改革」で克服したとでもいうのでしょうか。学校が直面している困難や矛盾に、学校が一丸となって正面から取り組み、多様な教育改革を生み出していくという、学校という教育の基礎単位が持っている教育的情熱に依拠した教育改革、学校から、教師から教育改革エネルギーを汲み取っていく回路を太らせないと、教育改革はすぐ枯渇してしまうでしょう。この一〇年間、じつは品川では、学校からの教育改革はやせ細ってしまったのではないでしょうか。

教育改革のなかでは、盛んに外部評価の重要性がいわれています。しかし本当の外部評価は、教育行政に対しても、外部から客観的に評価するものでなければなりません。教育委員会が外部評価委員を任命するような仕組みでは、決して教育委員会主導の「品川の教育改革」についての客観的な評価はできません。また「外部評価」という言葉は、あまり正確な言葉ではないということも見ておかなければなりません。学校や教育行政に対する最も重要な評価主体は、教育を受け、また本来教育の担い手でもある親、住民、さらには子ども自身である必要があります。ところが品川でいわれる外部評価は、親・住民の「外側」からの評価になってしまっているのです。これでは、本当の評価ができません。学校選択がそういう親・住民からの評価として正常に機能しうるかどうかについては、学校選択制度の検討で、データに基づいて批判してきたとおりです。地域に安心して子どもを通わせられる学校を育て上げていくためには、親・住民と教職員とが対話を行い、学校協議会などを作り、そこが学校評価を行うような仕組みをこそ作り出す必要があります。それは外部評価というよりも、むしろ親・住民と教職員との対話・討論を核とする教育関係者の自治的内部評価というべきものです。学校評議会もそういう親と住民参加を組み込んだものでなければなりません。

また後でみるような学者グループによる「検証」も、事実を厳しく科学的に検証する姿勢を欠くならば、無責任に品川の教育改革にお墨付きを与えるだけで、品川の教育が直面している本当の課題を覆い隠してしまう有害なものとなってしまうでしょう。今重要なことは、進行している品川の教育改革の全貌とそれが直面している問題点、そしてそういう事態を主導している教育改革理念そのものを、事実に即して、そして地域、親、教職員がそれぞれの目で吟味して、率直な評価を出し合うこと、まさに区民全体による品川の教育改革の批判的検証・評価を行うことではないでしょうか。

3　本当の「検証」とは――小川正人編『検証・教育改革』は事実を「検証」しているのか

品川の教育改革をどのように評価するかをめぐって、小川正人氏を中心とする東京大学等の教育系大学院の研究者や院生が参加するグループが研究をし、その結果をまとめた本が出版されています。それが『検証・教育改革』です。

しかしこの本は不思議な本と言わなければなりません。品川の教育改革を検証すると言いながら、改革推進者である品川区教育委員会から独立した独自の実証的な検証がほとんどなされていません。一定のアンケートがなされていますが、そのアンケート結果を読めば、ここから品川の教育改革が積極的なものであるという結論がはたして出せるのだろうかと考えてしまうものなのです。最初にまず、素朴な問題点を示しておきましょう。

第一に、代表者である小川正人氏は「ちまたでは、品川の教育改革は、教師（学校）不信とその専門性への低い評価から競争を梃子にした改革であるといわれ続けてきた。しかし、品川の教育改革には、教師とその『専門性』に対する熱いメッセージが込められていることを、本書の読者も感じ取っていただけるのではないかと思う」と「評価」しています。しかしこれは一体どのような「検証」によって証拠を与えられているのでしょうか。奇妙なことに、この本の中で、小川氏が独自に検証している研究論文は一つも掲載されておらず、書いているのは、ほとんど「はじめに」だけなのです。教師とその専門性に対する熱いメッセージが込められているとは、一体何を指しているのでしょうか。どこを読んでもそれを論拠づけるような証拠は見当たりません。そもそも若月氏の教育改革論はそれと正反対のものではなかったのではないでしょうか。若月氏自身が述べているように、教育の視点ではなく、「経営の視点」で教師を「変わらなければならない位置に追いやる」教育改革とは、教師の専門性に依拠していては教育改革などできないという様に読めてしまうのですが、小川氏の評価は何を根拠にしているのでしょうか。さらにまた、「トップダウンをすることによってボトムアップが触発されることだってあります」との若月氏の主張（三頁）を肯定的に引用して、「トップダウン」型行政手法を擁護する論文を、小川氏も共同執筆者の一人となる形で書いていますが、いったい品川の強権的命令型教育行政の実態を調査した上でそう述べているのでしょうか。

第二に、この本で、品川の教育改革に対する理論的仮説を伴った評価を研究者として行っている唯一の「研究」論文が、故・黒崎勲氏の若月教育長へのインタビュー（二〇〇四年執筆）です。黒崎氏はこの若月氏との対談の中で、品川の教育改革を高く評価していました。黒崎氏の突然の死去によって二〇〇九年時点での論文執筆が不可能になったため、この二〇〇四年の論文が収録されたという事情があると推測するとしても、二〇〇九年時点での品川の学校選択制の「検証」はこの黒崎論文でできるのでしょうか。少なくとも、この黒崎仮説は、今日時点では新たな事態の展開の中で、再検証されるべきものであり、二〇〇九年時点での「検証」の役割を果たすことはできないものになっています。二〇〇九年時点での「検証」と銘打つならば、小川氏がその論点を引き取って、自分の責任で展開すべきだったのではないでしょうか。そのことはこのブックレットで示した品川の学校選択制の実態を見て頂ければ明瞭でしょう。

さらにまた、『検証・教育改革』で、品川の教育改革を積極的に評価するもう一つの論文が、終章（第Ⅷ章）の和気論文ですが、彼は品川の教育委員会の教育改革を担当する課長の任にある人物（二〇〇九年時点）なのです。そしてその中身も、品川教育委員会の課長が、批判を全部斥けるという形の、行政当局の主張がそのまま掲載されているようなものです。上記のような小川論評と二〇〇四年の黒崎論文と改革推進当事者である和気論文で総括的評価が与えられる「品川の教育改革の検証」では、科学的な研究的検証となり得ないのではないでしょうか。

第三に、そういう品川の教育行政による改革を厳密に分析することなく擁護しようとするような論調の強い「研究」に、小川氏の影響下にある数人の大学院生が、検証のために研究論文を書くという形で参加しています。研究者養成の責を負ってきたはずの小川氏が、若手研究者に、事実を冷静、客観的に分析するための指導や援助をすべきはずのところが、率直に言って、それらの論文で、鋭い分析と検証が行われているとは言いがたい状況にあります。しかもそういう研究が束ねられて、全体として品川の教育改革が積極的なものとして検証されているという雰囲気でまとめられていることを、彼らははたして同意しているのでしょうか。そういう研究が、小川氏が中心になった「品川区教育政策研究会」名称で編集され、品川の教育政策に研究的な賛意が与えられているのです。

第四に、この『検証・教育改革』は、今日本の教育全体にかかわって、大論争になっているいくつかの論点について、大胆な評価を記しています。一体教育学研究者であるならば、それらの論点について、相当慎重な論点展開と実証、そしてそういう論点を提示することの責任を覚悟して議論すべきものですが、そういう自覚があるのでしょうか。例えば、小中一貫校を積極的なものとして評価するという議論を展開することは――このブックレットで反論を提示しましたが――、研究者にとってはかなりの勇気のいることだと思われます。そういう重大な決意を持って、施設一体型小中一貫校がよいものだという結論を出したのでしょうか。また基本的に道徳の教科化という性格を持った市民科を、今求められている教科であると推奨するには、相当たくさんの論点を処理しないとできないはずですが、そういう論点の展開は、ほとんどパスされてしまっています。そして既定の事実として市民科の発足を受け入れ、それを前提に議論をしているとしか言いようがありません。さらにまた、黒崎氏が提起した論点、例えば、「学力定着度調査の結果による規制という体制は、学校の、そして専門家教職員の教育活動の自由の余地をこれまでになく大きくするのである」(『検証・教育改革』一八四頁)――(平たく読めば)品川区の学力調査によって、学力を高める教師の自主的な努力が推奨され、教師の教育の自由、教育研究の自由が高まる――という、普通の常識を一八〇度逆転させたような「大胆」で奇妙な評価は、一体どのようにその後の事実で検証されたのでしょうか。『検証』グループは、そういう論点がこの間の品川の教育改革で検証されたと考えたのでしょうか。少なくとも、これらの論点について、編集代表としての責任を問われるのではないでしょうか。

第五に、教育行政に関する一つの重要な論点を指摘しておきましょう。それは、市民科カリキュラムの作成と実施に関する教育行政学的な論点です。教育課程の行政においては、その教育内容について、国は、大綱的な基準を設定するというのが、最高裁判決(北海道学テ裁判最高裁判決一九七六年)のおよその判断です。ところが、今回の市民科については、教育行政が教科の内容、カリキュラム、単一の教科書、指導の手引きまで全部一貫して作成し、現場にはその使用が強制されています。

国の教科書の検定制度は、複数教科書が競い合い、学校や教師に選択権があることで、一定の自由が保障されるシステムとなっています。また教育課程のあり方も、直接教育行政が議論・決定するのではなく、教育課程審議会で審議して、その基本方向が出されるものです。そういうシステムがなく、首長に任命された教育長が教育委員会をその指揮下において、全て教育行政が決定しているのです。すなわち地方段階で、政治権力、一般政治行政が、直接教育行政を指揮命令し、教科内容や教科指導のあり方まで管理しているのです。それは、教育行政学の通念を一挙に超える教育内容への政治権力による介入が当然のことのようにして実現されているとみるべき事態であり、従来のまっとうな教育行政学から見ると、驚くほどの飛躍がここにはあります。教育の自由とは、中央（政府および文科省）に対する地方教育行政の自治（中央権力からの自治）と共に、地方の政治権力からの教育の自由をも含んでいるということは、教育行政学の常識です。またここでいう教育の自由という概念は、旧教基法に明示されていたように、「教育の直接責任性」を踏まえ、親・住民と学校の協同による学校づくりと学校の自由を含んだものと捉えられてきたものです。教育行政学が専門の小川氏がそのことを認識していないということはあり得ないことだと思うのですが、そういう問題もこの『検証・教育改革』ではいっさい検討されていないのはどうしてでしょうか。

『検証・教育改革』をある程度詳しくここで取り上げて批判したのは、この本が、品川の教育改革が、学問研究の世界でも了解され、評価されているのだというお墨付きを与える結果になっているからです。しかし、この本は、決してそういう「検証」をしている本ではないという点を明確にしておきたかったからです。ここに参加している多くの若手研究者（大学院生）には、品川の教育改革の実態を本格的に調査、分析し、日本の教育改革のありようを探究する研究者として、今後の研究を私たちとともに展開されていくことを期待するものです。

おわりに

全国の新自由主義教育改革と品川の教育改革の関係

この一〇年、日本の学校教育は、社会の急激な変容――貧困と格差社会化――と、新自由主義と呼ばれる理念に立って推進された教育改革との相乗作用によって、大きく組み替えられてきました。

何よりも、社会が激変しました。派遣労働の拡大(四〇〇〇万人)、ワーキングプアの拡大(一〇〇〇万人)、高卒生や大卒生の就職難、高額教育費のために中退や進学断念を強要される生徒や学生の増加。そういう中で、学校は、より格差化された競争的な生き残り競争の階梯となり、そこから脱落させられた多くの子どもや若者が、未来への希望を奪われてきています。

学校教育の新しい管理システムとして、①学校選択制の全国的な広がり、②二〇〇六年の教育基本法の改悪、③それに続く新学習指導要領の制定、④学力テストの実施、⑤教員への成果主義管理、⑥教育振興基本計画(自治体ごとの教育計画)――「新しい」公教育の仕組みとしての六点セット――が出そろうことになりました。その下で学校は、学力競争での敗者に、ワーキングプアや失業者となってもその人生の敗者としての運命を「自己責任」として受け入れさせる教育機能を担わされつつあるとすら言えるのではないでしょうか。憲法第二五条のいう「生存権」を実現し、すべての若者が労働に就き、一人前としてのライフサイクルを歩み、自己実現を支えていく権利としての公教育の姿が、見えなくなりつつあるのです。

これらの変化を改めて整理すると、以下のような点で、この間の新自由主義的社会改変と新自由主義教育改革は、公教育破壊を推進した第一の元凶として告発されなければなりません。

第一に、貧困・格差社会を出現させ、青年の社会的自立と労働参加を困難にし、教育を生き残りのための競争場へといっそう先鋭化してしまいました。

第二に、新自由主義の理念に基づく公教育費削減、教育の私費負担化、民営化、教育機会の格差化等により、教育を受ける権利の格差化と剥奪が進行し、学校選択制や学校の格差的再編（中高一貫校の増大など）等によって、公教育を格差貧困の再生産システムとして機能させつつあります。

第三に、この間の教育改革を競争の仕組みを拡大するという戦略に焦点化させ、教育条件の拡大や、教育力の増強をサボタージュしたことで、増大する教育課題、教育困難に対処する力を奪い、日本の公教育の力量の全体としての後退――先進国中で教育予算がGDP比で最低になったことを含んで――をもたらしたのではないでしょうか。

第四に、教育目標を上から管理し、教育成果、子どもの成長を数値化して管理・評価する教育管理システムを強引に浸透させたことで、人間的な行為としての日々の教育実践を形式化し、子どもにとってさらに生きにくい、競争に一元化した教室空間を出現させてしまいました。

第五に、教師に多大な課題を背負わせ、長時間の多忙を強い、責任を負いきれない非正規の低賃金労働（非正規教員）を拡大させました。また、教師が協力し合う自発的な協力関係を抑圧し、上からの強権的伝達、命令システムを組み込んだことによって、ストレス拡大、病気の拡大、人間的な子どもと教師の関係を奪い、教師のやりがいと成長を奪いつつあります。

第六に、学校選択制度を広め、地域と学校との関係を分断し、地方の政治権力による恣意的な危うい「教育改革」――教育の民営化・市場化、学校統廃合、小中一貫（校）、科学的な検証と教育学的検討を欠いた新しいカリキュラムの無謀な実験、等々――を進め、教育の住民自治と学校教育の自由を危機に陥らせているのではないでしょうか。

東京・品川区の教育改革はその典型となっています。品川区は、全国に先駆けて、学校選択制を導入し、区独自の学力テスト、小学校英語の導入、中学校の教育課程の一定程度を小学校に前倒しするカリキュラムの実施、さらに小中一貫校の設立などを実施してきました。しかし、学校選択制は、地域のつながりを分断し、地域に安心できる学校づくりを地域・親と学校が一体になって推進する営みを解体させつつあります。「高層」校舎に生徒が詰め込まれる小中一貫校は、「中一プロブレム」の解消はおろか、新たに「小五プロブレム」を引き起こすのではないかと憂慮される状態です。

にもかかわらず、若月教育長を中心とするまさに専断的な「地方教育行政」システムによる強権的改革スケジュールが推進され、品川の教育改革の「成功報告」が全国に発信されるという状態が生まれています。改革への疑問や異議申し立ては厳しくチェックされ、改革が「成功している」という報告を教師や学校が教育委員会に提出させられるという事態が、「品川の教育改革」を事実に基づいて検証することを困難にしてもいます。

しかしだからこそ、今品川の学校で何が起こっているのかを、学校現場から、子どもを見守る親の視点から、明らかにすることが求められているのではないでしょうか。そしてその実態や矛盾を明らかにすることは、全国の教育改革を、本来の教育改革、学校改革へと組み替えていくために、大変に重要かつ不可欠の課題となっているのではないでしょうか。

品川の子どもたちが自信と誇りを持って学べる学校を地域に

子どもたちにとっても住民にとっても、一番近い自分の学区内に、安心して通い、自信と誇りを持って学ぶことができる学校があることが、何よりも大事なことです。しかし学校選択制は、そういう学校のあり方を大きく組み替えてしまいました。品川区教育委員会が、もし本当にすべての地域にそういう学校を作り出したいと考えているのなら――実は品川区は、学校選択制は、選ばれる学校になるために学校が頑張るからどの地域にも良い学校が生まれる方法だと説明してきた面があるのですが――、一〇年間の実態を踏まえて、このまま学校選択制を続けていってよいのかどうか、すべての地域に良い学校を作り出すためにどうしたらよいかをあらためて区民に問い、あるいは学区毎に住民や教職員と対話をするべきではないでしょうか。

途中でも指摘したように、この問題は、一方的な学校選択制についてのアンケート調査だけでは、どうすればよいかを判断することはできません。学校選択制で何が起こっているのかをきちんとしたデータで区民に知らせ、一緒に考えていくことが不可欠です。このブックレットで提供したデータも、そういう再検討の素材として使って頂きたいと思います。

また、教職員が今の品川の教育改革についてどういう問題を感じ、どうしたらよいと考えているかについても、自由に意見を述べる機会を作る必要があります。今までのように、教育行政や学校の管理ルートに沿った回路では、本当の声はなかなか出てこないでしょう。

重要なことの一つは、子どもの成長に対してもっとも大きな期待を抱き、また責任を自覚している親と地域の住民が、自分の位置から見える学校の状況、品川区の学校教育改革について、率直な意見や疑問を出し合い、それを持ち寄って、何がどうなっているのか、どこが問題なのかを話し合い、学校と教職員に問いかけ、問題の本質がどこにあるのか、教育改革をどう進めるべきかを、討論する場を持つことではないでしょうか。

私たちが憂慮するのは、品川区の教育改革が大変大きな問題を抱えているにもかかわらず、学校選択制が作り出した「勢い」とでもいうものの延長で、品川区の住民の多くが、自分たちの子弟の教育について、地元の学校が抱えさせられている矛盾の解決の道をともに考えるという方向にではなく、良い学校選びによって品川の地元の学校の矛盾を避けるという方向に関心を向けてしまうことです。しかしこの学校選択制では、当然のことながら、すべての子どもが「良い学校」を選べるはずはありません。何より地域が住みよい地域として存続していくためには、地元に良い学校が存続し続けることが不可欠です。

今こそ、品川の教育改革の一〇年を振り返り、地域にどのような方法で、どんな学校を作り出していくのかを改めて考え直す時期です。そのことを強調して、この本を締めくくりたいと思います。

あとがき

品川の教育改革については、わたし自身がもう三五年間も品川に住んでおり、品川区立の保育園や小学校、中学校に子どもを通わせてきたということからも、関心を持ち続けてきた。しかし子どもが中学を卒業してからは、あまり具体的なことは知らないままで過ごしてきた。ところが教育改革を調べているうちに、品川区の教育改革が全国の典型として推奨されているような状況を知り、資料を取り寄せて調べてみると、大変大きな変化が品川の学校に生まれていることに気がついた。

同時に品川で今子育てをしている地域の方々や、教職員組合の皆さんと意見を交換していく中で、今起こっているこの品川の教育の変化の大きさとその危うさを実感し、「市民から品川の教育改革を考える会」を立ち上げることになった。「考える会」ではすでに三回の集会を開いて品川の教育改革を討論する会を開いてきた。そういう中で、品川の教育改革をどう見るのかについての共同研究を行い、その成果を出版しようということになった。そこでまずその最初として、このブックレットを出版することになった。

したがってここにまとめた内容は、この間の関係者の討論の成果と、そこで議論された視点を踏まえて、わたしが整理したものである。データや論点について、多くの方々のご協力とアドバイスをいただいている。原稿段階でも、多くの先生方に議論をしていただき、品川区の実態をきちんと踏まえたものになるようにしたものである。関係者の皆さんに、深く感謝したい。

また、花伝社の柴田さんには、相当数の数値データについての点検やグラフの作成などについて、大変神経を使い骨のおれる作業をお願いすることになった。花伝社からの出版は三冊目になるが、いつも無理を受け入れていただき、今回の出版にこぎ着けることができた。花伝社社主の平田さんにも改めて、感謝したい。

この間、品川の教育改革は、教育委員会ペースで、全国に先駆けて成功をおさめている自治体単位の教育改革の典型、自治体の教育改革のフロンティアとして、全国に紹介されてきた。小中一貫校の全国サミットも、品川を推進力として開催されている。そういう事態に対して、品川の教育改革の本当の姿、そこで生まれている問題点を全国に知っていただくためにも、その全体像を簡略にまとめた出版が緊急に求められていると考えた。

同時に、地元品川においても、品川の教育改革は、ほとんど教育委員会の一方的な情報によって、その内容が伝えられてきたに止まっている。そのため、日々感じる疑問やおかしさ、あるいは親の抱く不安についても、品川の教育改革と結びつけて理解することがむずかしい状況が続いてきた。そういう状況に対して、品川の教育改革の全体像を提示することで、今までの疑問や不安が違った視点で整理され、品川の教育改革の本当の姿が多くの区民、教育関係者にもとらえられるようになるのではないかと考えた。日々この品川の教育改革とつきあわされている教職員の皆さんにとっても、この本を読んでいただければ、今までと違った視点で、どうしてこういうことが起こっているのかが見えるようになるのではないかとも思う。しかしこれは、品川の教育関係者が、今起こっている品川の教育の変化を自分の目でとらえ、そのおかしさや矛盾をしっかりととらえ、本当の教育改革を考えていくための、初発の契機としての材料を提起するためのものである。

地元の品川をはじめ全国各地で、この本を材料に、多様な議論をしていただくことをお願いしたい。

二〇一〇年九月二〇日

佐貫　浩

資　料

資料１　2009 年度小学校選択動向と選択率
資料２　小学校入学者の推移（2000 年— 2010 年）
資料３　2009 年度中学校選択動向と選択率
資料４　中学校入学者の推移（2001 年— 2010 年）
資料５　品川区教育改革「プラン 21」の歩み

(2)

資料1　2009年度小学校選択動向と選択率

学校	登録者数	転出								転入						入学者数
		実際選択	私立＋国立進学	補正・私立＋国立進学	指定校変更	区域外就学	区外に転出	その他	小計	実際選択	指定校変更	区域外就学	区外から転入	その他	小計	
品川	44	5	4	*3*	3	0	2	0	14	46	1		1	1	49	79
城南	58	27	0	*2*	3	0	2	1	33	14	6	0	1	3	24	49
浅間台	30	18	3	*2*	1	0	0	0	22	4	3	0	2	0	9	17
三木	62	19	0	*2*	9	0	2	0	30	2	4	0	1	0	7	39
御殿山	55	17	4	*3*	1	0	1	5	28	15	5	0	0	1	21	48
城南第二	84	24	7	*5*	3	0	1	1	36	15	1	0	3	1	20	68
第一日野	46	9	2	*2*	6	0	1	2	20	32	23	0	0	1	56	82
日野学園	41	8	13	*5*	3	0	3	1	28	76	4	0	1	3	84	97
芳水	72	33	2	*4*	1	0	2	1	39	9	8	0	2	1	20	53
第三日野	100	5	24	*10*	0	0	9	9	47	27	16	0	9	1	53	106
第四日野	109	57	0	*4*	17	0	8	2	84	2	1	1	3	0	7	32
大井第一	123	28	5	*6*	8	0	0	0	41	47	4	0	8	0	59	141
鮫浜	65	40	1	*3*	2	0	6	2	51	0	2	0	1	0	3	17
山中	58	19	1	*3*	4	0	3	1	28	13	9	0	0	0	22	52
伊藤学園	95	19	6	*5*	10	1	4	0	40	39	1	1	8	0	49	104
立会	59	4	3	*3*	3	0	0	1	11	46	2	0	3	0	51	99
浜川	89	43	0	*3*	1	0	1	0	45	7	0	0	3	0	10	54
伊藤	58	9	1	*3*	4	1	3	0	18	4	4	3	5	0	16	56
鈴ヶ森	61	12	1	*3*	0	0	7	0	20	13	4	0	2	3	22	63
台場	49	21	0	*2*	1	0	3	0	25	4	3	0	2	0	9	33
京陽	43	10	1	*2*	4	0	4	0	19	8	1	1	3	0	13	37
杜松	35	21	0	*2*	3	0	3	0	27	8	5	0	0	0	13	21
延山	58	16	2	*3*	6	0	2	0	26	12	18	1	1	0	32	64
中延	40	28	0	*2*	3	1	1	0	33	5	1	0	0	0	6	13
小山	53	18	1	*3*	1	0	2	1	23	19	0	1	0	0	20	50
大原	38	7	3	*2*	4	0	0	1	15	11	3	0	3	0	17	40
宮前	41	7	0	*2*	10	0	0	0	17	5	2	0	1	0	8	32
大間窪	51	7	2	*3*	3	0	1	0	13	22	7	1	0	0	30	68
源氏前	51	20	2	*3*	9	0	2	0	33	2	1	0	1	0	4	22
第二延山	79	7	9	*5*	1	1	5	2	25	36	3	0	11	2	52	106
後地	34	8	0	*2*	8	0	2	0	18	9	0	0	2	1	12	28
戸越	58	11	2	*3*	12	0	3	0	28	15	3	0	2	1	21	51
旗台	41	3	5	*3*	7	0	1	1	17	22	9	1	2	0	34	58
上神明	33	14	1	*2*	1	0	1	0	17	0	1	0	1	0	2	18
平塚	50	24	1	*3*	2	0	0	1	28	24	1	0	2	0	27	49
清水台	42	20	1	*2*	8	0	4	1	34	2	3	0	0	0	5	13
小山台	50	4	1	*3*	3	0	9	1	18	18	6	1	3	1	29	61
八潮学園	85	2	5	*4*	2	1	4	0	14	11	2	0	5	4	22	93
品川全体	2240	644	113	*112*	167	5	102	34	1065	644	167	11	92	24	938	2113

選択率Ⅰ＝狭義の選択による転出／登録者　選択率Ⅱ＝広義の選択による転出／登録者　選択率Ⅲ＝広義の選択による転出／登録かつ公立進学　選択率Ⅳ：統合選択率＝広義の選択＋私立・国立進学／登録者　選択率Ⅴ：狭義転入率　選択率Ⅵ：広義転入率　選択率Ⅶ＝広義の転入者／入学者　選択率Ⅷ＝生徒数／登録者　地元生徒率＝地元生徒／入学者　地元残留率＝地元生徒／登録者

注1）　イタリック体の数値は、佐貫による推定値。

注2）　転出、転入の小計は、各項目を合算した値。品川区の発表した数値とは異なる計算方法によっている。

地元生徒推計数	選択率%								地元生徒率%	地元残留率%	補正・私立＋国立進学率
	Ⅰ	Ⅱ	Ⅲ	Ⅳ	Ⅴ	Ⅵ	Ⅶ	Ⅷ			
31	11.4	18.2	19.5	23.9	104.5	106.8	59.5	179.5	41.8	75.0	6.8
23	46.6	51.7	53.6	54.1	24.1	34.5	40.8	84.5	51.0	43.1	3.4
9	60.0	63.3	67.9	68.9	13.3	23.3	41.2	56.7	52.9	30.0	6.7
30	30.6	45.2	46.7	47.3	3.2	9.7	15.4	62.9	82.1	51.6	3.2
28	30.9	32.7	34.6	37.1	27.3	36.4	41.7	87.3	60.4	52.7	5.5
50	28.6	32.1	34.2	37.0	17.9	19.0	23.5	81.0	75.0	60.7	6.0
26	19.6	32.6	34.1	35.9	69.6	119.6	67.1	178.3	32.9	58.7	4.3
21	19.5	26.8	30.6	37.9	185.4	195.1	82.5	236.6	24.7	58.5	12.2
31	45.8	47.2	50.0	51.7	12.5	23.6	32.1	73.6	62.3	45.8	5.6
67	5.0	5.0	5.6	13.9	27.0	43.0	40.6	106.0	71.7	76.0	10.0
22	52.3	67.9	70.5	70.5	1.8	3.7	12.5	29.4	90.6	26.6	3.7
81	22.8	29.3	30.8	33	38.2	41.5	36.2	114.6	57.4	65.9	4.9
12	61.5	64.6	67.7	68.1	0	3.1	11.8	26.2	105.9	27.7	4.6
28	32.8	39.7	41.8	43.7	22.4	37.9	42.3	89.7	59.6	53.4	5.2
56	20.0	31.6	33.3	35.7	41.1	43.2	39.4	109.5	57.7	63.2	5.3
48	6.8	11.9	12.5	15.8	78.0	81.4	48.5	167.8	48.5	81.4	5.1
42	48.3	49.4	51.2	51.7	7.9	7.9	13.0	60.7	77.8	47.2	3.4
38	15.5	24.1	25.5	28.2	6.9	19.0	19.6	96.6	73.2	70.7	5.2
39	19.7	19.7	20.7	23.5	21.3	27.9	27.0	103.3	73.0	75.4	4.9
22	42.9	44.9	46.8	47.9	8.2	14.3	21.2	67.3	75.8	51.0	4.1
23	23.3	32.6	34.1	36.1	18.6	23.3	27.0	86.0	73.0	62.8	4.7
6	60.0	68.6	72.7	73.2	22.9	37.1	61.9	60.0	42.9	25.7	5.7
31	27.6	37.9	40.0	42.0	20.7	53.4	48.4	110.3	51.6	56.9	5.2
5	70.0	80.0	84.2	83.9	12.5	15.0	46.2	32.5	46.2	15.0	5.0
28	34.0	35.8	38.0	40.4	35.8	37.7	40.0	94.3	60.0	56.6	5.7
24	18.4	28.9	30.6	33.1	28.9	36.8	35.0	105.3	60.0	63.2	5.3
22	17.1	41.5	43.6	45.2	12.2	17.1	21.9	78.0	68.8	53.7	4.9
37	13.7	19.6	20.8	24.4	43.1	58.8	44.1	133.3	55.9	74.5	5.9
17	39.2	56.9	60.4	61.6	3.9	5.9	13.6	43.1	86.4	37.3	5.9
58	8.9	11.4	12.2	16.6	45.6	49.4	36.8	134.2	59.4	79.7	6.3
14	23.5	47.1	50.0	51.8	26.5	26.5	32.1	82.4	57.1	47.1	5.9
29	19.0	39.7	41.8	43.7	25.9	31.0	35.3	87.9	62.7	55.2	5.2
26	7.3	24.4	26.3	30.6	53.7	78.0	55.2	141.5	46.6	65.9	7.3
15	42.4	45.5	48.4	50.4	0	3.0	5.6	54.5	88.9	48.5	6.1
20	48.0	52.0	55.3	56.9	48.0	50.0	51.0	98.0	40.8	40.0	6.0
7	47.6	66.7	70.0	70.3	4.8	11.9	38.5	31.0	84.6	26.2	4.8
30	8.0	14.0	14.9	18.9	36.0	50.0	41.0	122.0	63.9	78.0	6.0
72	2.4	5.9	6.2	9.5	12.9	15.3	14.0	109.4	81.7	89.4	4.7
1184	28.8	36.4	38.3	40.3	28.8	36.7	38.9	94.3	60.5	57.1	5.0

(4)

資料２　小学校入学者の推移（2000 年― 2010 年）

	入学者数											
年 学校名	００	０１	０２	０３	０４	０５	０６	０７	０８	０９	１０	合計
日野学園	8	6	12	19	20	25	100	112	98	97	83	580
立会	46	69	64	84	82	99	109	102	105	99	107	966
大井第一	105	134	140	142	132	155	125	119	150	141	124	1467
品川	53	48	47	44	45	66	49	55	65	79	71	622
第二延山	76	83	88	104	77	111	105	100	107	106	111	1068
八潮学園	57	43	40	53	57	23	38	62	91	93	73	630
第三日野	53	51	67	55	54	60	85	84	75	106	89	779
小山台	42	41	54	52	55	45	73	59	68	61	55	605
第一日野	45	55	41	47	59	56	52	50	65	82	83	635
後地	22	48	43	42	58	50	46	33	57	28	30	457
伊藤学園	49	46	35	58	52	86	101	111	107	104	114	863
大間窪	52	65	73	70	72	92	78	70	82	68	71	793
旗台	45	53	49	24	33	47	35	34	51	58	58	487
戸越	31	49	61	56	54	65	55	59	71	51	52	604
御殿山	38	50	47	38	47	53	40	44	59	48	54	518
城南	32	30	38	41	24	55	62	58	57	49	48	494
京陽	60	50	56	59	56	51	54	71	51	37	50	595
大原	43	44	32	35	43	30	43	36	38	40	30	414
鈴ヶ森	86	58	72	69	96	71	88	85	94	63	81	863
延山	55	64	68	55	55	64	66	55	67	64	52	665
源氏前	36	40	34	39	34	33	22	31	30	22	20	341
宮前	59	44	45	47	42	34	41	41	41	32	33	459
伊藤	48	56	60	73	73	63	62	82	74	56	62	709
平塚	50	53	35	37	32	25	28	43	35	49	79	466
小山	49	45	44	56	43	50	49	39	67	50	63	555
城南第二	49	58	57	62	63	72	68	67	84	68	104	752
芳水	64	58	60	58	59	60	35	54	50	53	66	617
台場	42	52	36	67	40	37	38	48	27	33	34	454
三木	56	48	51	47	50	41	59	61	43	39	45	540
上神明	44	34	34	39	29	22	24	24	25	18	22	315
八潮南	31	36	13	25	17	27	11	17				177
八潮北	12	19	22	10	12	19	19	9				122
山中	34	32	38	21	25	31	28	32	42	52	51	386
杜松	20	26	16	14	19	8	13	24	10	21	23	194
浜川	69	64	55	65	64	58	59	65	46	54	41	640
浅間台	22	21	22	17	14	6	24	9	15	17	23	190
中延	40	44	28	41	18	25	16	22	11	13	7	265
清水台	13	16	19	14	20	16	23	16	13	13	16	179
第四日野	25	38	35	37	24	31	41	41	27	32	28	359
鮫浜	23	25	26	22	17	26	18	18	30	17	18	240
品川全体	1787	1939	1892	1982	1911	1998	2095	2138	2242	2120	2171	22275

選択による移動率①入学者増減数合計／入学者合計
選択による移動率②入学者像現数合計／選択がない場合の入学予想数合計

増減数													選択による移動率	
００	０１	０２	０３	０４	０５	０６	０７	０８	０９	１０	合計	平均	①	②
-9	-12	-13	-6	-2	12	131	122	102	68	54	447	41	81.1	429.8
5	15	17	16	31	36	47	57	49	42	48	363	33	40.0	66.7
48	65	46	66	55	63	27	17	14	19	12	432	39	31.9	46.8
8	7	4	13	9	21	5	13	31	41	32	184	17	31.6	46.1
7	11	24	30	17	34	45	48	26	29	19	290	26	29.7	42.3
16	9	9	18	26	-5	8	22	14	9	6	132	12	23.4	30.6
6	12	18	15	12	15	-3	24	10	22	27	158	14	22.0	28.3
5	6	3	7	7	7	22	21	18	14	12	122	11	21.7	27.7
3	11	5	0	16	8	2	-6	12	23	41	115	10	19.4	24.1
1	8	9	9	15	11	5	5	7	1	5	76	7	17.6	21.3
-16	-25	-20	-11	-8	1	30	46	64	20	35	116	11	14.8	17.4
10	5	6	9	-5	12	2	8	8	18	10	83	8	11.3	12.8
-4	0	-3	-1	-1	0	0	1	5	19	11	27	2	6.1	6.5
-5	-1	2	-4	6	16	6	1	0	4	6	31	3	5.6	5.9
6	11	6	3	5	2	-10	-19	1	-2	11	14	1	2.9	3.0
3	1	2	8	-5	6	2	-1	12	-13	-18	-3	0	-0.7	-0.7
-1	0	1	4	6	4	-6	1	-4	-2	-16	-13	-1	-2.5	-2.4
-4	-1	0	-2	-8	-2	1	0	1	4	-3	-14	-1	-3.7	-3.5
-2	-10	4	-20	-4	0	-11	-6	-2	1	10	-40	-4	-5.1	-4.8
-5	-3	-3	-5	0	-5	-9	-11	1	-4	4	-40	-4	-6.5	-6.1
5	1	3	1	-9	2	1	-3	0	-18	-9	-26	-2	-8.3	-7.7
3	0	0	3	-6	-7	-15	0	0	-2	-11	-35	-3	-8.4	-7.8
-7	0	0	-9	-1	-14	-17	-13	-18	-5	-2	-86	-8	-13.3	-11.8
5	1	-4	-16	-8	-17	-27	-17	-12	0	28	-67	-6	-16.1	-13.9
-9	-11	-4	-7	-4	-10	-13	-21	-3	1	-9	-90	-8	-18.6	-15.7
-3	-2	-1	-15	-6	-14	-16	-18	-26	-11	-15	-127	-12	-20.1	-16.7
-5	-3	0	-3	8	5	-11	-27	-27	-24	-20	-107	-10	-20.2	-16.8
-2	-5	-1	3	0	-8	-10	-10	-22	-17	-14	-86	-8	-21.2	-17.5
-2	-6	-6	-4	-26	-10	-15	-13	-20	-17	-19	-138	-13	-29.0	-22.5
-2	-5	-6	-3	-5	-7	-9	-8	-13	-14	-11	-83	-8	-29.4	-22.7
0	-3	-5	-7	-15	1	-10	-16				-55	-5	-31.1	-23.7
-12	-4	-6	-7	-5	0	-2	-2				-38	-3	-31.1	-23.8
-10	-13	-7	-8	-22	-11	2	-11	-17	-6	-17	-120	-11	-37.7	-27.4
-2	1	-2	-3	-5	-19	-2	-10	-14	-13	0	-69	-6	-40.4	-28.8
-14	-15	-16	-16	-26	-38	-28	-40	-39	-36	-46	-314	-29	-56.8	-36.2
-3	-2	-5	-11	-10	-13	-10	-12	-16	-14	-13	-109	-10	-70.8	-41.4
-1	-3	-14	-10	-8	-17	-8	-17	-23	-23	-35	-159	-14	-71.3	-41.6
-2	-9	-12	-12	-5	-9	-23	-15	-15	-18	-8	-128	-12	-82.6	-45.2
-2	-12	-9	-3	-23	-22	-37	-39	-50	-55	-60	-312	-28	-115.1	-53.5
-9	-19	-22	-20	-29	-28	-44	-51	-54	-40	-42	-358	-33	-198.9	-66.5
0	0	0	0	0	0	0	0	0	0	0	0	0	0	0

資料３　2009 年度中学校選択動向と選択率

学校名	登録者数	転出								転入						入学者数	地元生徒数（推定）
		実際選択	私立＋国立進学	補正・私立＋国立進学	指定校変更	区域外就学	転出	その他	小計	実際選択	指定校変更	区域外就学	転入	その他	小計		
東海	161	44	49	*45*	7	1	2	4	107	23	3	0	3	3	32	86	
城南	140	33	32	*36*	2	1	5	9	82	43	6	0	2	1	52	110	
日野学園	190	31	87	*60*	2		5	7	132	54	2	0	4	9	69	127	[illegible]
大崎	147	63	29	*37*	7		1	5	105	20	9	11	2		42	84	[illegible]
浜川	128	37	25	*32*	2		3	2	69	25	8	0	1	1	35	94	[illegible]
伊藤学園	223	18	80	*65*	4		4	2	108	55	3	1	6	4	69	184	*1*
鈴ヶ森	138	43	23	*34*	2	1	3	3	75	15	0	0	4	1	20	83	[illegible]
冨士見台	101	45	15	*24*	5		4	3	72	4	0	6	3	1	14	43	[illegible]
荏原第一	134	22	48	*39*	6		4		80	90	15	2	1	1	109	163	[illegible]
荏原第三	82	30	15	*20*	5		2	1	53	34	2	1	1		38	67	[illegible]
荏原第四	80	34	12	*19*	8		0	1	55	20	2	0	3	1	26	51	[illegible]
荏原第五	137	29	50	*40*	5	2	4	6	96	44	7	1	6		58	99	[illegible]
荏原第六	81	22	23	*22*	4		3	1	53	39	12	0	0		51	79	[illegible]
戸越台	79	28	32	*24*	5		0	1	66	89	4	0	1		94	107	*2*
荏原平塚	230	109	44	*58*	19	1	2	2	177	28	8	0	0	2	38	91	*4*
八潮学園	84	8	7	*18*	2	1	2	2	22	13	4	0	1	6	24	86	*5*
品川全体	2135	596	571	*571*	85	7	44	49	1352	596	85	22	38	30	771	1554	*83*

選択率Ⅰ＝狭選択／登録者
選択率Ⅱ＝広選択／登録者
選択率Ⅲ＝広選択／登録者＆公立進学
選択率Ⅳ＝統合選択率
選択率Ⅴ＝狭義転入率
選択率Ⅵ＝広義転入率
選択率Ⅶ＝対入学者転入率
選択率Ⅷ＝生徒数／登録者数
注１）　イタリック体の数値は、佐貫による推定値。
注２）　転出、転入の小計は、各項目を合算した値。品川区の発表した数値とは異なる計算方法によっている。

選択率%								地元生徒率%	地元残留率%	補正・私立＋国立進学率%
Ⅰ	Ⅱ	Ⅲ	Ⅳ	Ⅴ	Ⅵ	Ⅶ	Ⅷ			
27.3	32.3	*44.8*	*55.5*	14.3	16.1	30.2	53.4	*67.4*	*36.0*	*28.0*
23.6	25.7	*34.6*	*46.7*	30.7	35.0	44.5	78.6	*49.1*	*38.6*	*25.7*
16.3	17.4	*25.4*	*44.2*	28.4	29.5	44.1	66.8	*66.9*	*44.7*	*31.6*
42.9	47.6	*63.6*	*68.1*	13.6	27.2	47.6	57.1	*40.5*	*23.1*	*25.2*
28.9	30.5	*40.6*	*50.8*	19.5	25.8	35.1	73.4	*55.3*	*40.6*	*25.0*
8.1	9.9	*13.9*	*34.3*	24.7	26.5	32.1	82.5	*70.7*	*58.3*	*29.1*
31.2	33.3	*44.2*	*53.3*	10.9	10.9	18.1	60.1	*62.7*	*37.7*	*24.6*
44.6	49.5	*64.9*	*68.6*	4.0	9.9	23.3	42.6	*46.5*	*19.8*	*23.8*
16.4	20.9	*29.5*	*45.3*	67.2	79.9	65.6	121.6	*38.7*	*47.0*	*29.1*
36.6	42.7	*56.5*	*62.4*	41.5	45.1	55.2	81.7	*35.8*	*29.3*	*24.4*
42.5	52.5	*68.9*	*71.6*	25.0	27.5	43.1	63.8	*35.3*	*22.5*	*23.8*
21.2	26.3	*37.1*	*50.8*	32.1	38.0	52.5	72.3	*51.5*	*37.2*	*29.2*
27.2	32.1	*44.1*	*54.6*	48.1	63.0	64.6	97.5	*36.7*	*35.8*	*27.2*
35.4	41.8	*60.0*	*67.5*	112.7	117.7	86.9	135.4	*19.6*	*26.6*	*30.4*
47.4	56.1	*75.0*	*76.6*	12.2	15.7	39.6	39.6	*42.9*	*17.0*	*25.2*
9.5	13.1	*16.7*	*29.8*	15.5	20.2	19.8	102.4	*59.3*	*60.7*	*21.4*
27.9	32.2	*44.0*	*54.3*	27.9	32.9	45.2	72.8	*50.4*	*36.7*	*26.7*

資料4　中学校入学者の推移（2001 年— 2010 年）

	入学者数										
学校名＼年	０１	０２	０３	０４	０５	０６	０７	０８	０９	１０	合計
戸越台	102	100	94	105	97	97	94	70	107	97	963
荏原第一	122	116	152	152	146	123	118	138	163	174	1404
荏原第三	105	96	114	102	108	108	95	85	67	67	947
日野学園	121	138	81	46	93	166	167	143	127	118	1200
荏原第五	121	110	85	94	88	114	109	99	99	99	1018
荏原第六	32	36	44	60	61	68	63	59	79	57	559
鈴ヶ森	159	133	118	162	104	142	111	88	83	109	1209
伊藤学園	115	128	93	84	104	120	146	185	184	183	1342
東海	94	83	95	122	166	143	101	103	86	82	1075
八潮学園	97	115	70	79	29	43	43	65	86	80	707
冨士見台	87	108	91	127	70	58	59	54	43	70	767
城南	115	105	123	73	68	64	80	85	110	73	896
浜川	74	69	68	54	39	49	92	68	94	67	674
荏原第二	49	40	73	63	57	28	57				367
大崎	115	73	73	77	54	46	54	77	84	85	738
八潮南	51	9	39	23	12	0	0				134
荏原第四	25	26	25	24	45	42	64	78	51	46	426
平塚	37	25	13	33	23	37	41	66	91	87	453
品川全体	1621	1510	1451	1480	1364	1448	1494	1463	1554	1494	14879

選択による移動率①——入学者±／入学者
選択による移動率②——入学者±／選択がない場合の入学予想数

資　料　(9)

増減数												選択による移動率	
０１	０２	０３	０４	０５	０６	０７	０８	０９	１０	合計	平均	①	②
57	77	81	79	62	53	46	43	61	51	610	61	63.3	172.8
19	32	72	47	96	54	35	62	68	96	581	58.1	41.4	70.6
33	38	46	39	37	60	39	21	4	3	320	32	33.8	51
11	16	0	-36	-20	99	123	117	23	-11	322	32.2	26.8	36.7
38	22	14	0	13	26	34	4	15	1	167	16.7	16.4	19.6
-15	-12	-12	6	17	11	18	25	17	9	64	6.4	11.4	12.9
33	23	21	41	12	8	-4	-13	-28	-26	67	6.7	5.5	5.9
-6	3	-15	-59	-32	-5	36	56	37	48	63	6.3	4.7	4.9
-27	-25	-22	25	75	51	-4	-7	-21	-30	15	1.5	1.4	1.4
-4	19	-5	5	-2	-11	-36	-20	5	9	-40	-4	-5.7	-5.4
-5	11	-2	40	10	-34	-18	-36	-41	-8	-83	-8.3	-10.8	-9.8
5	18	18	0	-43	-32	-45	-50	10	15	-104	-10.4	-11.6	-10.4
-10	-10	-6	-55	-45	-36	-9	-30	-12	-19	-232	-23.2	-34.4	-25.6
-19	-28	-13	-16	-30	-49	-45				-200	-20	-54.5	-35.3
-13	-49	-50	-11	-35	-68	-87	-80	-43	-34	-470	-47	-63.7	-38.9
-1	-31	-6	-14	-17	-27					-96	-9.6	-71.6	-41.7
-52	-56	-60	-47	-26	-48	-29	4	-14	-32	-360	-36	-84.5	-45.8
-44	-48	-61	-44	-72	-52	-54	-96	-81	-72	-624	-62.4	-137.7	-57.9
0	0	0	0	0	0	0	0	0	0	0	0	0	0

資料5　品川区教育改革「プラン21」の歩み

品川区教育委員会ホームページ（2008年12月5日更新、等）より作成

年	月	プラン21	その他
1998 (H10)		品川区第三次長期基本計画策定準備の中で通学区域の自由化検討	
1999 (H11)	 8月 9月 10月	教育委員会「プラン21」決定 文教委員会で説明 教育委員会で小学校の通学区域のブロック化決定 対象者に希望申請票送付	6月　若月教育長就任 8月　臨時校長会で学校選択制の説明 10月「広報しながわ」で選択制実施の突然の発表
2000 (H12)	4月 6月 9月 11月	小学校通学区域のブロック化による新一年生入学 教育委員会で中学校の通学区域の弾力化決定 中学校の対象者へ希望申請票送付 戸越台中抽選実施	
2001 (H13)	3月 4月 9月	「プラン21フォーラム」開催 中学校通学区域の弾力化による新一年生入学 放課後等対策事業「すまいるスクール」を第二延山小でモデル実施	◇すまいるスクール順次開設し学童保育を廃止
2002 (H14)	3月 4月 5月	「小中一貫校開設」等発表 学力調査問題作成委員会設置 文部科学省研究開発学校（小中一貫教育）指定1年次（第二日野小学校・日野中学校） 外部評価を取り入れた学校評価始まる	◇小中一貫校の新設検討は突然の朝日新聞発表による 4月　新学習指導要領全面実施完全 10月　日野中移転反対、区長へ3500名の署名提出
2003 (H15)	1月 3月 4月 8月 9月 11月	区独自の学力調査実施（小5・中2） 小中一貫校の教育課程の考え方等公表。学校評価を基にした学校経営方針公表 習熟度別学習を全小・中学校で実施 学力定着度調査実施（新中1） 構造改革特別区域法に基づき、品川区を「小中一貫特区」に認定 教育委員会で、大井地区小中一貫校（原小・伊藤中）決定 独自の教科書、副教科書等の作成作業開始	
2004 (H16)	2月	台場小建替え	
2005 (H17)	1月 2月 4月 7月 9月 10月 12月	小中一貫教育説明会（PTA連合会対象） 文部科学省研究開発学校（小中一貫教育）指定3年次研究発表会（第二日野小学校・日野中学校） 学力定着度調査実施（小6）。台場小学校竣工 小中一貫教育各教科カリキュラム作成部会（各教科の副教科書、教師用指導書、学習指導指針の作成） プラン21重点支援校指定 学校評価部会にて新たな外部評価システムについての検討開始 「ファイナンス・パーク」を城南中に開設 小中一貫教育要領（教育課程編成基準、学習指導指針）完成・刊行 大崎地区小中一貫校（第二日野小学校、日野中学校）の愛称が「小中一貫校日野学園」に決まる。 小中一貫校日野学園の学校選択開始 構造改革特別区域法に基づく「小中一貫特区」の変更申請が認められる（全小中学校が対象になる）	

2006 (H18)	2月 3月 4月 7月	小中一貫教育英語科・理科副教科書完成。小中一貫教育市民科教科書完成 荏原地区（2校)、品川地区、八潮地区に小中一貫校を開設することを発表（6校構想） 学力定着度調査実施（小6） 小中一貫教育社会科・国語科・算数／数学科副教科書完成 小中一貫校日野学園竣工式 小中一貫教育要領に基づく新しい教育が全校でスタート 品川区、京都市、奈良市、呉市で「小中一貫教育全国連絡協議会準備会」を開催 小中一貫校日野学園開校式、入学式 「小中一貫教育全国サミット 2006 in 品川」を小中一貫校日野学園で開催（主催：小中一貫教育全国連絡協議会）	
2007 (H19)	2月 4月 6月 9月	荏原二中と平塚中を統合発表（荏原西地区一貫校 2010 年開設予定） 大井地区小中一貫校・伊藤学園開設／八潮地区・八潮学園開設 荏原東地区一貫校開設準備 (2013 年開設予定) 品川区学事制度審議会発足	
2008 (H20)	4月 11月	八潮学園施設完成 学事制度審議会答申「品川区立学校の適正な教育環境の確保について」提出 品川地区は 2013 年度一貫校（城南中と品川小）として開設予定	◇答申で将来の統廃合計画の考え示される

佐貫　浩（さぬき ひろし）

1946 年、兵庫県篠山市生まれ。東京大学大学院を経て、現在、法政大学キャリアデザイン学部教授。
民主教育研究所運営委員、教育科学研究会委員長。

主要著書
『学校改革を考える』花伝社、1992 年。
『平和を創る教育』新日本出版社、1994 年。
『「自由主義史観」批判と平和教育の方法』新日本出版社、1999 年。
『知的探究の自由』教育史料出版会、2000 年。
『イギリスの教育改革と日本』高文研、2002 年。
『新自由主義と教育改革』旬報社、2003 年。
『学校と人間形成』法政大学出版局、2005 年。
『教育基本法「改正」に抗して―教育の自由と公共性』花伝社、2006 年。
『新自由主義教育改革』（共編著）大月書店、2008 年。
『学力と新自由主義』大月書店、2009 年。
『平和的生存権のための教育』教育史料出版会、2010 年。

品川の学校で何が起こっているのか
――学校選択制・小中一貫校・教育改革フロンティアの実像――

2010年10月10日　初版第 1 刷発行

著者 ――佐貫　浩
発行者 ―平田　勝
発行 ――花伝社
発売 ――共栄書房
〒101-0065　東京都千代田区西神田2-7-6 川合ビル
電話　03-3263-3813
FAX　03-3239-8272
E-mail　kadensha@muf.biglobe.ne.jp
URL　http://kadensha.net
振替 ――00140-6-59661
装幀 ――中濱健治
印刷・製本 ―シナノ印刷株式会社

ISBN978-4-7634-0585-2 C0036